Eveline Kalckhoven Smit

OMA WEISS ES BESSER

Tips und Tricks aus Großmutters Haushalt

DuMont Buchverlag Köln

Wir bitten höflich um Kenntnisnahme:
Alle in diesem Buch enthaltenen Angaben, Daten, Ergebnisse etc. wurden vom Autor nach bestem Wissen erstellt und von ihm und dem Verlag mit größtmöglicher Sorgfalt überprüft. Gleichwohl sind inhaltliche Fehler nicht vollständig auszuschließen. Daher erfolgen die Angaben etc. ohne jegliche Verpflichtung oder Garantie des Verlags oder des Autors. Beide übernehmen deshalb keinerlei Verantwortung für etwaige inhaltliche Unrichtigkeiten.

Übersetzt aus dem Niederländischen
von Franca Fritz und Heinrich Koop

Deutsche Ausgabe zusammengestellt von Achim Mantscheff
Illustrationen zu Kapitel 8: Sonja Loy
Gestaltung: Achim Seiffert

Titel der Originalausgabe: Oma weet het beter

Druck und buchbinderische Verarbeitung:
Clausen & Bosse GmbH, Leck

Printed in Germany ISBN 3-7701-3708-6

Inhalt

Kapitel 1

Seite 15

Altmodisch, aber nicht von gestern

Kniffe aus der »Mottenkiste«

Kapitel 2

Seite 45

Marmor, Stein und Kupfer glänzt

Materialpflege mit Haushaltsmitteln

Kapitel 3

Seite 83

Wie man sich kleidet, so geht man

Behandlung von Stoffen und Kleidung

KAPITEL 4
Seite 101

VON UNGEBETENEN GÄSTEN
Schädlingsbekämpfung

KAPITEL 5
Seite 115

KLEINER FLECK UND GROSSE WIRKUNG
Omas Fleckenratgeber

KAPITEL 6
Seite 145

LEIB UND SEELE
Wie man sie zusammenhält

KAPITEL 7
Seite 167

VON DER WIEGE BIS ZUR SCHULBANK
Tips von Oma für Mutter und Kind

Kapitel 8
Seite 185

Rosmarin, Thymian, Salbei und Dill
Kräuter als Quelle der Gesundheit

Kapitel 9
Seite 199

Wie man in der Küche schaltet und waltet
Kochrezepte und Küchentips

Kapitel 10
Seite 237

Spieglein, Spieglein an der Wand
Schönheitsmittel von Mutter Natur

Kapitel 11
Seite 267

Es grünt so grün
Anregungen für den Umgang mit Blumen und anderen Pflanzen

Register
Seite 290

Ein kurzes Vorwort

Haushalt ist meines Erachtens ein sehr ambivalentes Phänomen. Einerseits kennt jeder das angenehme Gefühl, das von einem gut geführten Haushalt ausgeht, andererseits hat niemand, den ich kenne, auch nur das kleinste bißchen Lust zu den »niederen« Arbeiten, die Voraussetzung für die Bewältigung eines jeden Haushalts sind. Genau genommen kann ich mir auch die psychologischen Purzelbäume nicht vorstellen, die man machen müßte, um Tätigkeiten wie Spülen, Staubsaugen, Waschen etc. auch noch zu mögen – schlimm genug, daß sie überhaupt erledigt werden müssen.

Wer lebt, hinterläßt Spuren, und zwar nicht nur die philosophischen, über die es lohnt nachzudenken, sondern – auf einer etwas prosaischeren Ebene – im wesentlichen in Form von schmutzigen Tellern und Staubflocken in den Ecken. Während der letzten Jahrzehnte hat der »moderne« Mensch zwecks immer schnellerer Erledigung des Lästigen noch ausgefeiltere mechanische Instrumente und chemische Wundermittel erfunden und angewendet, die nicht nur die bekannten ökologisch bedenklichen Resultate erzielt, sondern auch den Haushalt zu einem kapitalintensiven Kleinbetrieb gemacht haben. Beide Aspekte sind mittlerweile etwas fragwürdig geworden; nur wenige hartgesottene Seelen sind noch in der Lage, über die Umweltzerstörung hinwegzugehen, und bei flüchtigem Rundblick in meinem weitgefächerten Bekanntenkreis fällt mir auch niemand auf, der sich darum reißen würde, von jetzt auf gleich Unsummen für Haushaltsgeräte auszugeben.

Alles glänzt. Wenigstens solange es neu ist. Und wenn der Glanz nachläßt, wenn er etwas abgegriffen wirkt, na, dann nimmt man halt etwas Geld und kauft den Gegenstand wieder neu. Das wenigstens suggeriert uns die Werbung, und dabei ist es erstaunlich festzustellen, was man alles durch Neues ersetzen kann. Die Schönheit des »Benutzten« ist entweder gar nicht gefragt – oder, wenn überhaupt, dann nur als staubiges Ensemble in Jeans- oder Whiskyreklamen, in Form eines alten Fasses in der Kellerbar oder einer Petroleumlampe auf dem Balkon. Der »Normalmensch« nähert sich dem Benutzten nur noch unter dem Aspekt des Romantischen – sei es auf dem Flohmarkt, sei es beim Trödler, sei es als luxuriöse Antiquität.

Es ist interessant, welche Blüten unsere während der letzten Jahrzehnte entstandene Wegwerfkultur treibt: So gibt es technische Geräte wie den tragbaren Kassettenrecorder für Gürtel oder Tasche, bei denen der Austausch eines Teiles mehr kostet als ein neues Gerät. Bei gewissen Produkten ist der Gesamtpreis der Ersatzteile bis zu zwanzigmal so hoch wie der Neupreis. Bei Küchenmöbeln findet man angeblich pflegeleichte Oberflächen, die mit atemberaubender Geschwindigkeit auseinanderfallen, ihren Spanplattenkern für Feuchtigkeit zugänglich machen und dann völlig irreparabel sind. Ach, wie meine Großmutter schon seufzte, der Beispiele sind Legion.

Daneben entstand in den letzten Jahren zugleich eine Art neuer »Naturliebe«. Diese offenbart sich nicht nur in den billigen Kieferregalen bestimmter Möbelhäuser, sondern explizit und viel ernsthafter in den mittlerweile ja wirklich unzähligen Bio-Läden, Bio-Bauernhöfen und ähnlichem.

Dabei ist die Suche nach verlorengegangenen Traditionen ein erfreuliches Zeichen für einen Bewußtseinswandel hinsichtlich der weltweiten Bedrohung durch Müll und der Überproduktion von Konsumgütern sowie der beschränkten Verfügbarkeit aller Ressourcen. Da es uns offensichtlich schwerer fällt als unseren Vorvätern, an die Entdeckung immer neuer Rohstoffe, immer neuer Energiequellen zu glauben, müssen wir eine neue Antwort auf Rohstoffprobleme finden, d. h., wir sollten sie nach Möglichkeit durch die Pflege des Vorhandenen gar nicht erst entstehen lassen. Selbst unter ökologisch ansonsten wenig engagierten Zeitgenossen stellt sich mittlerweile ein gewisses Unbehagen darüber ein, wie verschwenderisch bisher mit dem Vorhandenen gewirtschaftet wurde. Dabei hat das Pflegen und »Behalten« von Gegenständen neben dem wirtschaftlichen Aspekt – man spart Neuanschaffungen – auch einen unerwarteten Nebeneffekt: So manches Küchengerät oder Möbelstück wird mit der Zeit zu einem wertvollen Sammlerobjekt. Voraussetzung dafür ist allerdings immer wieder Pflege – und davon handelt dieses Buch.

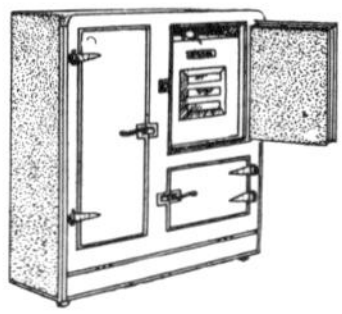

Uns, die wir mit Spanplattenmöbeln aufwuchsen, von Resopalplatten aßen und mit Plastiktieren knuddelten, bietet sich in späteren Jahren ein ganz neues Abenteuer: beispielsweise in der Küche des ersten, eigenen Haushalts. Was tun, wenn Öl brennt oder heiß auf die Arbeitsplatte der neuen Einbauküche tropft? Wie hält man das ganze, eben noch so glitzernde Zeug sauber – schon zwei Monate nach Einzug sieht alles so seltsam schmuddelig aus? Wieso geh'n die Pflanzen ein – man hat sich doch solche Mühe gegeben? Warum verderben die Lebensmittel so schnell, wenn sie nicht voller Konservierungsstoffe sind? Wie hält man weiße Sachen weiß, ohne den wilden Beschuß mit Phosphaten und Aufhellern schlechten Gewissens in Kauf zu nehmen? Überhaupt die Flecken; interessant, wie ein kleiner Fleck an der richtigen Stelle ein ganzes Kleidungsstück ruinieren kann! Wie lassen sich die angeblich so schmutzigen und verlausten Haustiere ins eigene Leben integrieren, ohne Mensch wie Teppich zu gefährden? Hat man ein Gärtchen, lohnt dann ein Kompost – und wie legt man ihn an? Oder ist alles derart voller Schwermetall, daß der Humus zum Sondermüll wird? Muß man wegen jeder Krankheit zum Arzt, oder gibt es Hausmittelchen, die hier und da helfen? Was tun bei einem Überraschungsangriff sämtlicher in der Nähe lebender Mäusefamilien (»sieht man eine, hat man fünfzig«)? Wie prüft man, ob der Braten durch ist? Wie verhindert man, daß der teure neue Kaschmirpullover sofort kleine Wollmäuse bildet und langsam, aber sicher seinen »Schmelz« verliert?

Ein Lügner, wer behauptet, noch nie vor solchen Fragen gestanden und sie oft genug nicht gelöst zu haben; sie entstehen, sobald man beginnt, sich praktisch und bewußt mit seiner Umgebung auseinanderzusetzen. Mindestens zweitausend dieser Probleme sind uns zu Ohren gekommen, und die entsprechenden Antworten haben wir hier versammelt.

Vor einiger Zeit besuchte ich Freunde, und wir saßen auf der Veranda ihres Hauses. Wir sprachen über die Notwendigkeit bestimmter Umgewöhnungen des »modernen« Menschen, wobei die Dame des Hauses uns davon erzählte, daß sie von ihrer Großmutter einen Zettelkasten mit Haushaltstips erhalten hätte, auf den sie oft zurückgreife. Ein anderer Freund erinnerte sich an ein holländisches Handbuch, das ebenfalls prallvoll mit praktischen Haushaltsvorschlägen sei und das unbedingt eine deutsche Ausgabe verdiene! Mir persönlich leuchtete die Tatsache, daß dieses Buch aus Holland kam, sofort ein: Ich kenne überhaupt kein Land, das derart viel und intensive Pflege verrät wie die Niederlande. Mit dieser massiven Empfehlung eines ganzen Landes im Hintergrund betrachteten wir das Werk wohlwollend und machten es mit Einverständnis von Autorin und Herausgeberin zur Grundlage dieses Bandes: »Oma weiß es besser«.

Wir hoffen, daß Sie, geneigte Leserin und geneigter Leser, hierin auf die meisten praktischen Probleme des Haushalts eine Antwort finden oder wenigstens einen Lösungstip, von dem aus Sie weitergehen können. Wenn das mal nicht so ist, würden wir uns über eine Nachricht an die Adresse des Verlages freuen, denn unser Großmutter-Team steht bereit und hat seine Trickkiste noch lange nicht ausgeschöpft. Vielleicht kommen Sie auch auf etwas, das wir nicht oder anders dargestellt haben – solche Informationen sind uns für Nachauflagen besonders willkommen. Denn eines hoffen wir von ganzem Herzen: Daß dieser »Zettelkasten«, diese praktische Haushaltsfibel, ein kleiner Baustein zu einer anderen, modernen Form alltäglichen Lebens wird, die allmählich den hastigen Umgang der Industriegesellschaft mit dem Rohmaterial unserer und unserer Kinder Zukunft ersetzen wird.

Kapitel 1

Altmodisch, aber nicht von gestern
Kniffe aus der »Mottenkiste«

Also zunächst einmal: Grundsätzlich das Wichtigste ist wohl, daß ein Haushalt gepflegt wirkt. Das Wohlgefühl, das sich dann einstellt, hat allerdings auch mit dem Wohlgefühl zu tun, mit dem man daran arbeitet. Hauptregel aller Hausarbeitstage ist somit: Gute Laune. Ich auf jeden Fall mache mir schöne Musik an und trinke zwischendurch hie und da ein Schlückchen Sekt, habe allerdings auch schon von Kollegen und Kolleginnen gehört, die nach einer Tasse Pfefferminztee plötzlich ganz euphorisch wurden oder erst mit dem Hund am See spazieren gingen, sich einen Kaffee machten und danach die Zähne putzten, um sich für das Großreinemachen zu stimulieren. Wie gesagt: Wie man's hinkriegt, ist gleich, aber Hausarbeit ohne gute Laune ist eine solche Pein, daß sie dann sicherlich auf Dauer nur unvollkommen verrichtet wird.

Was ebenfalls vorab gesagt werden muß, ist folgendes: Es besteht überhaupt kein Anlaß, sich einmal wöchentlich auf den Haushalt zu werfen, ihn völlig auseinanderzureißen, Stück für Stück durch Seifentunke zu ziehen, abzutrocknen und das Ganze am Ende mühevoll wieder zu einem Haushalt zusammenzusetzen. Derartige »Putztage« entstanden meiner Ansicht nach zu einer Zeit, als noch Abend für Abend viel Dreck und Unrat aus Feld und Wald in die Häuser getragen wurden. In unserer heutigen Umgebung mit ihren pflegeleichten Materialien und ohne allzuviel Schmutzanfall außer dem normalen Hausstaub spielen Putzorgien keine so große Rolle mehr; ich versichere Ihnen, daß ich sehr gepflegte Häuser kenne, die höchstens einmal im Monat gründlich »durchgepustet« werden. Was täglich aber leider durchgeführt werden muß, sind die Tätigkeiten, die ich für mich »niedere Arbeiten« nenne und bei denen man einfach nur die Zähne zusammenbeißen muß, als da wären: Spülen, Küche aufräumen, Betten lüften, Badezimmer reinigen etc. Das hat vor allem keine ästhetischen Gründe, sondern es handelt sich schlicht und einfach um die Vermeidung möglicher Gesundheitsgefährdungen. Kümmert sich nur eine Person darum, können dabei täglich gut mehrere Stunden vergehen, weshalb ich bei Familien, Wohngemeinschaften, Jugendgruppen o. ä. dringend raten möchte: Teilt und herrscht – und zwar nicht so, daß jeder das säubert, was er benutzt hat, welcher Weg nämlich leicht ins Chaos führt, sondern nach Arbeitsfeldern getrennt (Badezimmer, Küche, Spülen usw.). Solche Zuständigkeit funktioniert hervorragend, läßt sich ziemlich rasch und meist auch noch mit durchaus guter Laune bewältigen. In jedem Haushalt gibt es aber auch Arbeiten, die gewissermaßen umfassenderer Natur sind – Tapeten kleistern, feuchte Stellen beseitigen, Zerbrochenes kleben, Kessel entkalken usw. usw. – und sich daher nicht ohne weiteres den Stichworten zuordnen lassen, nach denen dieses Buch den häuslichen Pflichten zu Leibe rückt. In diesem Kapitel findet der geneigte Leser nun also eine Handvoll allgemeiner Tips für den Haushalt, größtenteils aus der »Mottenkiste«, teils aber auch neueren Datums, und ich empfehle, das Kapitel einfach durchzulesen oder mindestens zu überfliegen – so ergibt sich ein Überblick, den das Register alleine nicht verrät. Viel Vergnügen!

Abwasch Falls man über zwei nebeneinander liegende Spülbekken verfügt, können Geschirr und Bestecke im ersten Becken in heißer Seifenlauge gespült und anschließend in das zweite Becken gelegt werden, das mit heißem abgekochtem Wasser (gegen Kalkansatz) gefüllt ist. Danach läßt man das Wasser ablaufen und legt die gespülten Gegenstände auf eine Abtropffläche. Das Geschirr wird ohne Abtrocknen glänzend sauber und bleibt frei von Kalkflecken. Besteck muß gegebenenfalls noch mit einem Geschirrtuch nachpoliert werden.

Autolack Kleine Lackschäden können Sie selbst ausbessern. Befreien Sie die entsprechenden Stellen mit einem Glasradierer (besser geeignet als Schmirgelpapier) von Rost. Anschließend können Sie mit einem kleinen Pinsel frischen Lack auftragen.

Besteck

GLATTE, POLIERTE MESSER-, GABEL- ODER LÖFFELGRIFFE werden wieder wie neu, wenn man sie mit einem Leinentuch und einer Mischung aus Nähmaschinenöl und etwas Graphit abreibt.

ZUR BEFESTIGUNG VON MESSERN, GABELN UND LÖFFELN IM GRIFF eignet sich eine Flüssigkeit aus 4 Teilen Harz, einem Teil Bienenwachs und einem Teil zu Pulver gestampftem (trockenem) Bimsstein.

Man kann auch in den Hohlraum des Griffes Schellack mit ein wenig Kreide einfüllen. Dann erhitzt man den Stiel des Bestecks über einer Flamme und drückt ihn kräftig in die Grifföffnung.

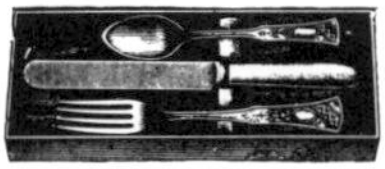

Bindfaden

EIN BINDFADEN WIRD FEST UND NAHEZU UNZERREISSBAR, wenn man ihn für einen Tag in eine Alaunlösung legt.

Briefe

BRIEFE VERSCHLIESSEN. Briefe, die man mit Eiweiß zugeklebt hat, können selbst über Dampf nicht mehr geöffnet werden. Sehr nützlich für Menschen, die zu Mißtrauen neigen.

Bügeleisen

DAMPFBÜGELEISEN sollte man nur mit abgekochtem, destilliertem Wasser füllen, um Kalkablagerungen in den Dampfdüsen zu vermeiden. Den gleichen Effekt erzielen Sie, wenn Sie normalem Leitungswasser etwas Borax beigeben.

Bügeleisen STUMPFE LAUFFLÄCHEN eines Bügeleisens werden wieder gleitfähig, wenn man mit einem Stück Bienen- oder Kerzenwachs über die heiße Lauffläche streicht und sie anschließend mit einem Lappen oder auf einem rauhen, mit Salz bestreuten Papier abreibt.

BÜGELEISEN KLEBEN NICHT AN GESTÄRKTER WÄSCHE, wenn man der Wäschestärke ein Stückchen Butter zugibt. Auch ein Löffel Boraxpulver auf 4 l Wäschestärke verhindert das lästige Kleben.

Duschkopf EIN DURCH KALKABLAGERUNGEN VERSTOPFTER DUSCHKOPF ist nach einem mehrstündigen Bad in heißem Essigwasser wieder funktionstüchtig.

Eier EIN KLEINES LOCH, das man in die abgerundete Seite eines Eis mit einem Eierpiker oder einer Nadel sticht, verhindert, daß die Eierschale in kochendem Wasser platzt (auch wenn das Ei gerade aus dem Kühlschrank kommt). Mit einer kräftigen Prise Salz im Kochwasser erzielen Sie das gleiche Ergebnis.

Fensterrahmen LEICHT KLEMMENDE FENSTERRAHMEN lassen sich mit Hilfe von ein wenig Fett oder Wachs meist wieder mühelos öffnen und schließen. Ist es jedoch notwendig, den Fensterrahmen abzuhobeln, sollten Sie zuvor die inneren Kanten des Rahmens mit etwas Kreide bestreichen, dann das Fenster schließen soweit es geht. Mit dieser Methode kennzeichnen Sie die überstehenden Bereiche des Holzrahmens, die Sie anschließend gezielt bearbeiten können.

Fensterrahmen

FIRNISLACK können Sie selbst herstellen. Lösen Sie dazu 3 Teile Schellack in 2 Teilen Terpentin.

Firnislack

Ein sehr dünner Lack ergibt sich aus einer Mischung von 3 Teilen Schellack, ein bis 2 Teilen Terpentin und 9 Teilen Spiritus. Der Firnislack sollte mit einem Pinsel mehrmals in Richtung der Maserung aufgetragen werden. Jede Schicht gut trocknen lassen und mit sehr feinem Schmirgelpapier anschleifen.

DUNKLER FIRNISLACK (GRANAT). Lösen Sie 135 g Schellack und 30 g Harz in 1 l Brennspiritus.

WEISSER FIRNISLACK. Lösen Sie 150 g weißen Lack und 30 g helles Harz in 1 l Brennspiritus.

FUSSBODEN DESINFIZIEREN. Reinigen Sie zunächst den Boden, und wischen Sie anschließend mit Wasser, dem etwas Kresollösung beigemischt wurde, nach.

Fußboden

Fußboden Flüssigkeit läßt sich am besten mit einem feuchten, aber ausgedrückten Schwamm aufnehmen, der die Flüssigkeit aufsaugt. Bei größeren Flächen sollten Sie einen feuchten (keinen trockenen) Putzlappen verwenden.

Gas Wenn Sie bei Betreten eines Hauses oder einer Wohnung den Geruch von Gas wahrnehmen, sollten Sie auf keinen Fall Licht einschalten oder ein Streichholz anzünden, sondern direkt alle Fenster und Türen öffnen und anschließend nach der Ursache des Gasgeruchs suchen. Können Sie diese nicht sofort ausfindig machen, benachrichtigen Sie umgehend Feuerwehr und Gaswerk.

Geheimtinte Schreibt man mit einem Federhalter, der in eine Kobaltlösung getaucht wurde, eine Mitteilung auf ein weißes Blatt Papier, so bleibt die Schrift unsichtbar. Hält man jedoch das Papier kurz über eine Flamme, kommt die Schrift aufgrund der Wärme in blauer Farbe zum Vorschein. Bläst man anschließend über das Papier, verschwindet die Botschaft wieder spurlos.

Mit einer Mischung aus einem Teil Leinöl, 20 Teilen Salmiakgeist und 100 Teilen Wasser läßt sich ebenfalls eine unsichtbare Tinte herstellen, die erst wahrnehmbar wird, wenn man das Papier in Wasser legt. Trocknet das Blatt, so verschwindet das Geschriebene wieder.

Geruch

In dicht verschlossenen Küchenschränken bildet sich häufig ein unangenehmer Geruch, wenn die verbrauchte Luft nicht entweichen kann. Um dies zu vermeiden, bohren Sie Löcher in die Rückseite und in die Böden der Schränke. Darüber hinaus sollten die Schränke regelmäßig mit einer Sodalösung ausgewaschen werden.

Geruch aus Vorratsgefässen entfernen. Alte Einmachgläser, aber auch Töpfe, Fässer und andere Vorratsgefäße aus Steingut oder Holz verlieren ihren muffigen Geruch, wenn sie mit heißem Wasser gespült und danach mit Schwefelpulver ausgewischt werden. Anschließend legt man eine Handvoll Sellerieblätter in die Gefäße und begießt sie mit kochendem Wasser. Einmachgläser sollten Sie vorher auf ein nasses Tuch stellen, damit sie nicht springen. Nach dem Abkühlen gießen Sie das Wasser ab, und Sie werden feststellen, der Geruch ist verschwunden.

Geruch in alten Flaschen und Karaffen können Sie entfernen, indem Sie die Gefäße mit Wasser füllen, darin eine Kohletablette auflösen und einige Tage stehen lassen.

Geschenkpapier

Gebrauchtes Geschenkpapier können Sie wiederverwenden, wenn Sie es mit einem Bügeleisen glätten. Klebestreifenreste lassen sich leicht entfernen, wenn man sie zuvor mit einem Bügeleisen auf niedriger Temperaturstufe erwärmt.

Gips

GIPS ANRÜHREN. Gips kann mit Wasser oder, falls der Gips langsam trocknen soll, mit Essig angerührt werden. Rühren Sie die Flüssigkeit vorsichtig unter das Pulver, bis eine breiige Masse entsteht. Löcher, die Sie damit füllen wollen, sollten vorher angefeuchtet werden.

Glas

DAS BESCHLAGEN UND ZUFRIEREN VON FENSTERSCHEIBEN jeder Art läßt sich verhindern, indem Sie über beide Glasseiten mit einer Lösung aus 55 g Glyzerin und 1 l Spiritus wischen oder die Scheiben einfach mit Salz abreiben.

GLAS WIRD UNDURCHSICHTIG, wenn man es mit einer dünnen Lösung aus Wachs und Terpentin bestreicht.

GLAS SCHNEIDEN. Glas läßt sich leichter schneiden, wenn Sie auf die Schnittstellen etwas Öl oder Terpentin auftragen, damit der Glasschneider besser greift.

Mit einer dicken, terpentingetränkten Kordel oder einem Seil erreichen Sie, daß auch sehr dickes Glas springt. Spannen Sie die Kordel über das Glas, zünden Sie sie an, und besprenkeln Sie das Glas mit Wasser. Nachdem es gesprungen ist, können Sie die scharfen Kanten mit einer Feile, die zuvor in Natronlauge getaucht und anschließend mit feinem Muschelsand bestreut wurde, bearbeiten. Feines, angefeuchtetes Schmirgelpapier erfüllt allerdings den gleichen Zweck.

Gläser und Vasen mit brüchigem Rand werden wie neu, wenn man den alten Rand entfernt. Dazu füllt man das Glas oder die Vase bis zum Rand mit Öl und hält ein glühendes Eisen hinein. Das Glas oberhalb des Ölspiegels wird dann abspringen. Schleifen Sie anschließend die scharfen Kanten glatt.

GLAS BOHREN. Glas läßt sich durchbohren, wenn die Bohrspitze zuvor in eine Lösung aus 5 Teilen Terpentin und einem Teil Kampfer getaucht wurde.

GLAS HÄRTEN. Glas bricht nicht so schnell, wenn Sie es eine halbe Stunde lang in kalt aufgesetztem Salzwasser kochen und vollständig darin abkühlen lassen, bevor Sie es herausnehmen.

DAS ZERSPRINGEN VON GLAS beim Einschenken heißer Flüssigkeiten kann verhindert werden, indem man die Gläser auf ein nasses Tuch stellt (nicht auf eine kalte Anrichte oder Spüle).

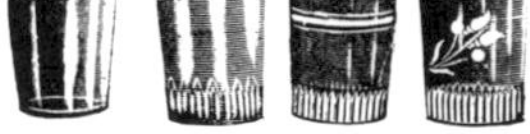

GLAS KLEBEN. Gebrochenes Glas können Sie mit Hilfe von Fischleimpulver kleben, das Sie in eine Flasche geben und mit gewöhnlichem Essig übergießen. Stellen Sie die Flasche in heißes Wasser, damit sich der Leim löst. Diese Mischung tragen Sie noch warm auf die zu reparierenden Teile auf. Darüber hinaus eignet sich dieser Leim auch zum Kleben von Holz, Marmor und Steingut (siehe »Klebstoffe«).

Glas

Glas kann übrigens auch mit geschmolzenem Alaun geklebt werden. Erhitzen Sie dazu das Alaun in einem Löffel über einer Flamme.

Auf Glas schreiben. Mit der folgenden Glastinte kann Glas (nach gründlicher Reinigung mit Spiritus) beschrieben werden: 4 g (Nagel-)Lack in 30 g Spiritus auflösen und langsam 5 g Borax und 25 g destilliertes Wasser hinzufügen. Diese Tinte haftet fest. Möchten Sie besonders dünne Linien oder Buchstaben auf das Glas auftragen, empfiehlt sich folgende Methode: zuerst eine dünne Schicht Gummiarabikum auftragen, dann die Buchstaben vorsichtig mit einem spitzen Gegenstand hineinritzen. Anschließend füllen Sie die Rillen mit der Tinte, lassen sie trocknen und entfernen das Gummiarabikum.

Festsitzende Glasdeckel und Verschlüsse lösen sich, wenn man den Hals der Karaffe, Flasche o. ä. durch Reibung erwärmt oder vorsichtig über einer Flamme erhitzt.

Gesprungene Glasvasen werden durch mehrmaliges Spülen mit Wasserglas wieder dicht.

EINEN HAMMERKOPF AM STIEL BEFESTIGEN. Ein Hammerkopf, der sich vom Stiel löst, kann viel Unheil anrichten. Deshalb empfiehlt es sich, ihn mit Hilfe eines kleinen Eisenkeils, der von oben in den Holzstiel getrieben wird, zu fixieren.

Hammer

HÄNDE REINIGEN. Wenn sich die Haut Ihrer Hände durch den Umgang mit Lebensmitteln verfärbt hat, läßt sie sich mit etwas Essig oder Zitronensaft leicht reinigen. Farb- oder Schuhcremeflecken können mit Terpentin oder Spiritus entfernt werden.

Hände

HAUSHALTSGERÄTE ENTKALKEN. Waschmaschinen, Geschirrspüler, Kaffeemaschinen u. ä., die unter Kalkablagerungen leiden, sollte man mit verdünnter Essigessenz entkalken. Anschließend müssen die Maschinen gründlich drei- bis viermal mit einer Lösung aus Soda und Wasser durchgespült werden.

Haushaltsgeräte

FLASCHEN UND KARAFFEN lassen sich mit Kaffeesatz und aufgebrühten Teeblättern auf einfache und billige Weise reinigen.

Kaffeesatz

Kamin

Russablagerung vermeiden. Allzu starke Rußablagerung im Kamin oder Kohleofen kann man (nicht bei Ölöfen!) durch das gelegentliche Verbrennen von Kartoffelschalen verhindern.

Kamin vorwärmen. Bevor Sie im Herbst den Kohleofen oder den offenen Kamin das erste Mal benutzen, sollten Sie Ofenrohr und Kamin gründlich vorwärmen. Beginnen Sie mit einem kleinen Feuer aus Zeitungspapier, das Sie langsam steigern, bevor Sie Holz oder Kohle nachlegen.

Kerzen

Kerzen in zu kleinen Kerzenhaltern befestigen. Ist die Kerze zu dick für den Kerzenständer, halten Sie den unteren Teil der Kerze kurz in kochendes Wasser, und kneten Sie dann das weiche Wachs, bis die Kerze paßt.

Kerzen brennen länger, wenn man ein wenig Salz auf das flüssige Kerzenwachs streut. Möchten Sie verhindern, daß Ihre Kerzen tropfen, dann legen Sie sie in eine starke Salzlösung und lassen sie anschließend an der Luft trocknen.

Kerzen löschen. Kerzen löscht man am besten mit einem speziellen Kerzenlöscher, der der Flamme den Sauerstoff entzieht. So wird der Docht nicht beschädigt.

Kesselstein lässt sich entfernen, indem man den Kessel mit Essig und einem Löffel Salz erhitzt. **Kesselstein**

Eine andere Methode besteht darin, Kartoffeln im Topf zu Brei zu kochen. Eventuell muß dieser Vorgang ein- oder zweimal wiederholt werden.

Klebstoffe und Leime aus Grossmutters Mottenkiste: **Klebstoffe**

1. Wasserglas ist ein einfacher Leim, mit dem man auch Karton auf Glas kleben kann.

2. Zwiebelsaft ist zwar nur ein provisorischer, dafür aber preisgünstiger und relativ unsichtbarer Klebstoff (nicht geeignet für alltägliche Gebrauchsgegenstände). Die Klebeflächen sollten zuvor mit warmem Sodawasser abgewaschen, danach gut getrocknet und dann mit dem Zwiebelsaft bestrichen werden. Anschließend pressen Sie die Klebeflächen fest aufeinander.

3. Ein recht wirksamer Klebstoff läßt sich nach folgendem Rezept herstellen: Lösen Sie 250 g Roggenmehl und 30 g Gummiarabikum in 250 g kaltem Wasser. Sobald sich die Bestandteile zu einer homogenen Masse verbunden haben, erhitzen Sie diese Mischung und geben unter ständigem Rühren noch 1/2 l Wasser hinzu. Diese Flüssigkeit muß solange erhitzt werden, bis sie angedickt ist. Lassen Sie danach den Leim etwas abkühlen, und rühren Sie 60 g Glyzerin und 20 g Nelkenöl darunter. Etwas Borax verhindert, daß der Leim »umkippt« und damit seine Klebkraft verliert. Sollte er im Laufe der Zeit eintrocknen, kann man etwas Wasser darunterrühren. Der Leim wird geruchsfrei, wenn Sie 10 % Spiritus und entsprechend weniger Wasser zugeben.

Klebstoffe

4. Wenn man Papier auf Glas kleben möchte (z. B. Etiketten auf Flaschen, Marmeladengläser etc.), empfiehlt sich ein Gemisch aus 24 g Fischleim, 20 g Kandis, 12 g Gummiarabikum und 100 g Wasser. Lassen Sie diese Mixtur kochen und anschließend abkühlen. Das Einrühren von etwas Borax oder Alaun in den lauwarmen Leim schützt vor Schimmelbildung und garantiert somit lange Haltbarkeit.

5. Läßt man 1 Pfund Fischleim in 1/2 l Milch ca. 1 Stunde kochen, erhält man einen wasserfesten Leim.

6. Kocht man einen Teil Fischleim und 4 Teile Wasser mit einem Schuß Leinöl, entsteht ebenfalls ein wasserfester und dauerhafter Leim.

7. Mehlkleister läßt sich aus 500 g Reismehl herstellen, das mit kaltem Wasser mager angerührt und dann mit kochendem Wasser aufgegossen wird, bis ein Brei entsteht. Bringen Sie diesen Leim zum Kochen, und geben Sie etwas Konservierungsmittel zu, damit er nicht schlecht wird.

8. Noch ein weiteres Rezept für haltbaren, flüssigen Leim: Lösen Sie im Wasserbad 100 Teile weiße Gelatine, 10 Teile Fischleim, 2 Teile Alaun und 25 Teile Alkohol in 3000 Teilen Wasser auf, dem Sie einen Schuß Essigsäure beigeben.

Kochen

ENERGIESPAREN. Sobald in einem Topf mit Kartoffeln oder Gemüse das Wasser den Siedepunkt erreicht hat, sollte man die Flamme drosseln, so daß der Inhalt langsam garen kann. Auf großer Flamme wird Ihr Essen nicht eine Sekunde eher gar, benötigt aber mehr Energie.

Festsitzender Kork. Sitzt der Korken einer Flasche derartig fest, daß er auch mit einem Korkenzieher nicht zu bewegen ist, dann sollten Sie den Flaschenhals mit einer Streichholzflamme oder durch Reibung vorsichtig erwärmen. **Kork**

Hartgewordene Korken bekommt man wieder weich, indem man sie – nicht allzu lange – in einen warmen Backofen legt, in dem eine feuerfeste Schale mit Wasser steht.

Rutschfeste Leitern. Achten Sie beim Kauf von Küchen- und Haushaltsleitern darauf, daß Gumminoppen unter den Leiterfüßen angebracht sind. Die Leitern verrutschen dann weniger schnell. **Leitern**

Nägel in die Wand schlagen. Selbst wenn Sie spezielle Wandnägel verwenden, kann es passieren, daß der Putz um den Nagel abspringt. Feuchten Sie deshalb die entsprechende Wandstelle vorher gut an, und treiben Sie den zuvor mit Öl beträufelten Nagel nur mit kleinen Schlägen in die Wand. **Nagel**

Nägel in der Tapete. Wenn Sie vermeiden wollen, daß nach dem Entfernen eines überflüssig gewordenen Nagels in Ihrer Tapete häßliche Löcher verbleiben, dann schneiden Sie mit

Nagel einem scharfen, spitzen Messer die Tapete kreuzweise ein und klappen die vier Ecken nach außen, bevor Sie den Nagel in die Wand schlagen. Sollten Sie den Nagel dann irgendwann einmal entfernen, können Sie die vier Ecken über das verbliebene Loch kleben. Mit dieser Methode lassen sich auch ohne Spuren die hinter der Tapete liegenden Fugen im Mauerwerk finden, in die man oft problemlos Nägel schlagen kann.

Nagel in dünnes Holz schlagen. Um zu verhindern, daß dünnes Holz spleißt, schlagen Sie mit dem Nagelkopf eine kreuzförmige Vertiefung in die vorgesehene Stelle.

Lockere Nägel in der Wand kann man mit ein wenig Watte und angerührter Gipsmasse wieder befestigen. Umwickeln Sie den Nagel mit der Watte, tauchen Sie ihn in den Gips, und stekken Sie ihn anschließend sofort zurück in die Wand. Sobald der Gips trocken ist, sitzt der Nagel wieder fest.

Pauspapier Pauspapier herstellen. Wenn Sie Zeichnungen übertragen möchten, können Sie zu diesem Zweck Pauspapier anfertigen. Nehmen Sie dazu ein Blatt Papier, und bestreichen Sie es mit Hilfe eines weichen Pinsels mit einer Mischung aus Paraffin und Benzin im Verhältnis 1 : 9.

Petroleumlampen Petroleumlampen geben ein besonders helles Licht und sind sparsam im Verbrauch, wenn man dem Petroleum

Petroleumlampen

einen Schuß Terpentin und etwas Kampfer zugibt. Mit ein wenig Salz im Reservoir erzielen Sie ebenfalls ein helleres Licht.

Übrigens sollte man eine Petroleumlampe nicht bis zum Rand des Reservoirs auffüllen, das Petroleum könnte überlaufen und sich entzünden.

Die üble Rauchbildung von schwelenden Petroleumdochten können Sie verhindern, wenn Sie die neuen Dochte vor dem ersten Gebrauch einige Stunden lang in Essig legen und anschließend trocknen lassen.

Reinigen Sie Ihre Petroleumlampe regelmässig. Wenn Sie die Lampe gelöscht haben, drehen Sie den Docht herunter, um zu verhindern, daß der Brennstoff verdampft.

Abgebrannte Ränder runder Dochte sollte man nicht abschneiden, sondern vorsichtig abschmirgeln.

Das Springen der Glaskolben von Petroleumlampen können Sie verhindern, indem Sie eine Haarklammer auf den oberen Glasrand stecken (siehe »Glas«).

Pinsel

Pinsel werden wieder weich, wenn Sie sie längere Zeit in grüne Schmierseife legen.

Ölpapier

PAPIER, das man mehrmals mit Rizinusöl, Palmöl oder Leinöl bestreicht, wird wasserdicht und empfiehlt sich für das rostfreie Aufbewahren von Werkzeug.

Putz-utensilien

BESEN, BOHNERBESEN, BÜRSTEN, SCHRUBBER usw. sollten frei aufgehängt und nicht auf ihre Borsten gestellt werden.

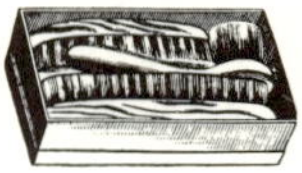

WASCH- ODER FENSTERLEDER muß gewaschen, gespült, ausgewrungen, ausgeschlagen und getrocknet werden. Sind die Ledertücher sehr verschmutzt, lassen sie sich in Buttermilch reinigen.

HAUSHALTSSCHWÄMME sollte man nach Gebrauch in einer Essiglösung einweichen, danach gut ausspülen und ausdrücken. Mit Wasser verdünnter Salmiakgeist eignet sich ebenfalls zur Reinigung.

NEUE BÜRSTEN halten länger, wenn man sie vor dem ersten Gebrauch einige Zeit in Salzwasser legt und anschließend trocknen läßt.

Radier-schwamm

TINTENFLECKE ODER -SCHRIFT lassen sich nicht nur mit Hilfe eines Radiergummis oder -messers, sondern auch mit einem alten, harten Naturschwamm durch trockenes Reiben entfernen.

Regenschirm

So wird Ihr Regenschirm garantiert wasserdicht. Stellen Sie den geöffneten Regenschirm auf den Boden, und streichen Sie auf die Außenseite mit einem weichen Pinsel eine Lösung aus einem Teil Paraffin und 15 Teilen Benzin.

Regentonnen

Leckgeschlagene Regentonnen aus Holz lassen sich abdichten, indem man sie zunächst mit Heu oder Stroh und anschließend mit Wasser auffüllt. Auf das Heu oder Stroh legen Sie ein Holzbrett, das Sie mit dicken Steinen beschweren. Nach einiger Zeit wird sich das Holz der Regentonne ausdehnen, wobei sich die undichte Stelle schließt.

Schleifen

Messer und Scheren, die Sie schleifen wollen, sollten vollständig fettfrei sein. Zur Reinigung eignen sich Terpentin oder Waschbenzin.

Fettige Schleifsteine verlieren ihre Wirkung. Nach einer Behandlung mit Petroleum sind sie jedoch wieder einsatzbereit.

Schlösser

Schwergängige einfache Schlösser lassen sich wieder leichter mit dem Schlüssel betätigen, wenn Sie etwas Graphit durch ein Papierröllchen in das Schlüsselloch hineinblasen.

Schnürsenkel

ZERFRANSTE SCHNÜRSENKEL können Sie wieder problemlos durch die Ösen ziehen, wenn Sie die Enden zuvor in farblosen Nagellack tauchen und trocknen lassen.

Schrauben

IN HOLZ SCHRAUBEN. Verwenden Sie nur spezielle Holzschrauben. Mit einem magnetischen Schraubenzieher lassen sich kleine Schrauben, die nur sehr schwer festzuhalten sind, leichter verarbeiten. Schlagen Sie zuvor mit einem Dorn oder einem Nagel ein kleines Loch in die vorgesehene Stelle, damit die Spitze der Schraube Halt findet.

Bei besonders hartem Holz empfiehlt es sich, mit einem Bohrer kleineren Durchmessers vorzubohren.

IN MAUERWERK SCHRAUBEN. Wickeln Sie einen dünnen Eisen- oder Zinndraht vom dickeren Ende abwärts um das Gewinde der Schraube. Tauchen Sie anschließend die Schraube mit dem Draht in eine dickliche Gipsmasse, die Sie zuvor mit Wasser und etwas Leinöl (damit der Gips nicht bricht) angerührt haben. Die Schraube setzen Sie in ein vorgebohrtes Loch in der Wand ein. Wenn der Gips getrocknet ist, läßt sich die Schraube nach Belieben aus der Wand heraus- und wieder hineindrehen, denn der Draht in der Mauer wirkt wie ein Gewinde.

SCHRAUBEN HERAUSDREHEN. Erwärmen Sie Schrauben, die sich nur sehr schwer oder gar nicht lösen lassen, mit einem glühendheißen Gegenstand, z. B. einem alten Schraubenzieher. Die so behandelte Schraube wird sich zunächst ausdehnen, mit dem Abkühlen aber zieht sie sich auch wieder zusammen und löst sich von dem sie umgebenden Material. Das Herausschrauben ist dann ein Kinderspiel. **Schrauben**

Durch Oxydation oder Rost festgebackene Schraubengewinde (z. B. bei Taschenlampen) kann man wieder lösen, indem man das Gewinde in warmes Sodawasser taucht. **Schraubengewinde**

Schuhe putzen. Zuerst sollte der Straßenstaub mit einer feuchten Bürste entfernt werden. Danach sollte das Leder trocknen. Tragen Sie anschließend Schuhcreme mit einer kleinen Bürste dünn auf. Lassen Sie das Pflegemittel ca. zehn Minuten einwirken, und putzen Sie anschließend die Schuhe sanft mit einer weichen Bürste blank. Zum Schluß wird das Leder mit einem (warmen) Flanelltuch poliert. **Schuhe**

Durchnässte Schuhe lassen sich auf rasche Weise trocknen und in Form halten, indem man sie mit zerknülltem Zeitungspapier ausstopft. Das Zeitungspapier entzieht dem Leder die Nässe, so daß die Schuhe schnell trocknen.

Weisse Ränder, die durch Schnee und Regen entstanden sind, lassen sich mit heißem Wasser entfernen. Danach sollten Sie das Leder mit Schuhcreme einreiben und diese längere Zeit einwirken lassen.

Schuhe NEUE SCHUHE drücken anfangs noch etwas. Laufen Sie die Schuhe mit nassen Strümpfen ein, oder befeuchten Sie die Schuhe von innen mit reinem Alkohol. Das Leder wird sich dann dem Fuß anpassen.

GLATTE LEDERSOHLEN sollten Sie mit feinem Schmirgelpapier anrauhen, wenn Sie sich unangenehme Rutschpartien ersparen wollen.

Tapete TAPEZIEREN. Eine tapezierte Wand wirkt dann am schönsten, wenn die einzelnen Bahnen gegeneinander geklebt, d. h. die Tapetenkanten auf Stoß gearbeitet werden, denn dann sind die Übergänge der einzelnen Tapetenbahnen nicht zu erkennen. Wählen Sie deshalb eine Tapete, deren Muster nicht allzu kompliziert ist.

Beginnen Sie in einer Ecke des Raumes. Die erste Bahn kann man mit Hilfe eines Senklotes ausrichten. Zeichnen Sie an Hand des Lotes eine dünne Linie auf die Wand, und kleben Sie die Tapete entlang der Markierung auf. Um Wellen- und Faltenbildung zu verhindern, bestreicht man dabei mit einer weichen Bürste die Tapetenbahn von oben nach unten. Die überstehenden Ränder drückt man mit der stumpfen Seite einer Schere in die Kanten von Decke und Boden und schneidet sie anschließend mit einem scharfen Messer ab. Achten Sie darauf, daß der Kleister keine Klumpen bildet.

Weisen die zu tapezierenden Wände Risse auf, empfiehlt es sich, diese zunächst mit Gips zu füllen und anschließend mit einem Streifen Nesselstoff zu überkleben. Sollten an der so bearbeiteten Wandstelle nach dem Tapezieren später neue Risse entstehen, bleiben sie auf der Tapete unsichtbar.

Feuchte Wände tapezieren. Beim Einzug in einen Neubau kann es sein, daß das Mauerwerk noch feucht ist. Bevor Sie mit dem Tapezieren der Wände beginnen, empfiehlt es sich daher, das Haus oder die Wohnung einige Zeit gut durchzuheizen, um auf diese Weise die Feuchtigkeit zu vertreiben. Sollten Sie es allerdings mit dem Einzug eilig haben, können Sie sich mit folgendem Rezept behelfen: Lösen Sie in einem Eimer Wasser 1/2 Pfund Tischlerleim und 1/2 Pfund Alaun. Tragen Sie diese Mischung mit einem Quast auf die Wand auf. Sobald die Mixtur durchgetrocknet ist, können Sie mit dem Tapezieren beginnen, ohne daß sich die Tapetenbahnen danach wieder lösen.

So wird die Tapete abwaschbar. Heutzutage kann man im Fachhandel viele unterschiedliche abwaschbare Tapeten kaufen. Wollen Sie jedoch Ihre alte Tapete behalten, können Sie sie auf folgende Weise abwaschbar machen: Tragen Sie eine Mischung aus 2 Teilen Borax, 2 Teilen Klarlack und 24 Teilen Spiritus mit einem Quast auf die Tapete auf.

Von Feuchtigkeit angegriffene Tapeten sind in den meisten Fällen angeschimmelt. Lassen Sie die Wand zunächst durchtrocknen. Entfernen Sie dann mit einer weichen Bürste möglichst viel Schimmelbelag, und tragen Sie anschließend mit

Tapete

einem Schwamm eine Lösung aus 4 Teilen Weingeist und einem Teil Salizylsäure auf. Nach dieser Behandlung werden die Flekken verschwinden.

Tapeten reinigen. Mit einem festen, gut durchgekneteten Teigball, bestehend aus Weizenmehl, Wasser und einem Schuß Salmiakgeist lassen sich Fettflecken von Tapeten entfernen.

Sie können es auch mit einem Radiergummi versuchen oder mit einem trockenen Schwamm, der mit Kleie oder Weizenmehl bestreut ist. Ein weiteres, ebenfalls altbewährtes Mittel besteht aus Stärke mit einem Schuß Terpentin, das Sie auf den Fleck auftragen. Wenn die Wand vollständig getrocknet ist, kann die Stärke wieder abgebürstet werden.

Teebrett

Alte, lackierte Teebretter erhalten wieder prächtigen Glanz, wenn man sie mit einem Wolltuch und einem Brei aus Backmehl und Öl poliert.

Teppichboden

Teppichboden reinigen. Verschmutzte Teppichböden können mit einer starken Seifenlauge gereinigt werden. In manchem Teppichhandel können Sie auch Teppichreiniger, die mit speziellen Shampoos arbeiten, ausleihen. Damit erzielen Sie bessere Ergebnisse als mit der Hand, und Sie müssen sich bedeutend weniger anstrengen, denn die Maschine bürstet den Teppichflor mit Hilfe einer rotierenden Bürste gründlich durch. Allerdings gibt es einige Nachteile: Das Trocknen des Bodens dauert lange, der Schmutz kann nach unten zwischen den Teppichflor sinken, und die Farbe kann unter dieser Behandlung leiden. Daher ist Trockenschaum besser geeignet.

Teppichboden

Einzelne, besonders hartnäckige Flecken sollte man zuvor mit Glyzerin einweichen, das sich problemlos mit Wasser wieder entfernen läßt.

EIN BRANDLOCH IM TEPPICHBODEN, das durch glühende Asche oder eine heruntergefallene Zigarette entstanden ist, können Sie reparieren, indem Sie es mit etwas flüssigem Klebstoff füllen und anschließend ein aus Teppichresten passend geschnittenes Stück fest in das Loch drücken. Nach ein oder zwei Tagen ist der Kleber durchgehärtet und die betreffende Stelle kann sogar gesaugt werden.

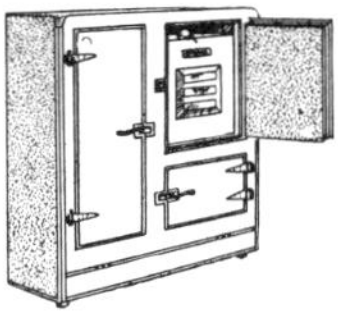

Tiefkühltruhe

TIEFKÜHLTRUHE ABTAUEN. Wenn Sie die Wände Ihrer Tiefkühltruhe oder Ihres Gefrierfaches vom Eis befreit haben, empfiehlt es sich, sie mit ein wenig Glyzerin einzureiben. Neue Eisschichten bilden sich dadurch sehr viel langsamer und lassen sich bei erneutem Abtauen leichter entfernen.

Tinte

TINTENSCHRIFT ODER -FLECKE VON PAPIER ENTFERNEN. Dazu taucht man einen weichen Pinsel in eine gesättigte Bittersalzlösung (Magnesiumsulfatlösung) und streicht über die Tinte, bis diese verschwindet.

Trinkgläser Ineinandergestellte Gläser lassen sich oft nur schwer voneinander lösen. Stellen Sie das untere Glas in warmes Wasser und füllen Sie das obere mit kaltem Wasser. Mit dieser Methode können die Gläser problemlos auseinandergenommen werden.

Tuben Verklebte Tubenverschlüsse lassen sich öffnen, wenn man sie zuvor in heißes Wasser getaucht hat.

Vergoldung Bilderrahmen vergolden. Zuerst sollten Sie die Leisten mit einem weichen Pinsel entstauben und mit kaltem Wasser und einem Schwamm reinigen. Sollte der Bilderrahmen stark verschmutzt sein, nehmen Sie Seifenlauge mit etwas Spiritus. Mit kaltem Wasser nachwischen und trocknen lassen. Dann reparieren Sie mögliche Schäden, z. B. mit Gips.

Anschließend tragen Sie eine Mischung aus 1/8 l Hasenleimöl, 1/8 l Terpentin und 60 g Goldstaub auf den Rahmen auf. Einige Tage trocknen lassen. Nun verrühren Sie in einer kleinen Schüssel etwas Leim und Goldstaub zu einer streichfähigen Substanz und überziehen die Leisten mit dieser zweiten Schicht. Rühren Sie nicht mehr an, als Sie wirklich brauchen, denn die Substanz läßt sich nur schwer aufbewahren und Goldstaub ist relativ teuer.

Feuchte Wände Mit einer Dämm- oder Hartfaserplatte können feuchte Wände isoliert werden. Bringen Sie zunächst einige Holzlatten auf der betroffenen Wand an. Darauf können Sie die Hartfaserplatte schrauben. Beachten Sie, daß zum Boden und zur Decke

Feuchte Wände

jeweils ein ca. 1–2 cm breiter Spalt eine Luftzirkulation hinter der Hartfaserplatte ermöglicht. Eine Dämmplatte wirkt zusätzlich schallisolierend.

Massonite ist eine speziell präparierte, feuchtigkeitsbeständige Hartfaserplatte, die häufig zum Bau von Schuppen u. ä. verwendet wird oder auch als trittfester Bodenbelag dient.

Wasserhahn

Einen tropfenden Wasserhahn läßt man am besten von einem Klempner reparieren. Bis der Fachmann jedoch eintrifft, können Sie das nervenraubende Geräusch provisorisch abstellen. Befestigen Sie an dem Hahn einen Bindfaden mit ausreichender Länge, so daß die Wassertropfen geräuschlos an ihm ablaufen können.

Kapitel 2

Marmor, Stein und Kupfer glänzt
Materialpflege mit Haushaltsmitteln

Das Leben steckt voller Überraschungen: Und so steht man immer wieder vor Fragen, von denen man vor kurzem überhaupt nicht wußte, daß man sie sich je würde stellen müssen.

Da hat man sich doch neulich diesen Alabasteraschenbecher gekauft – und nun, seht ihn an: Er ist fleckig, unansehnlich geworden. Wie läßt sich seine alte Schönheit wieder herbeizaubern?

Der schöne altmodische Küchenherd, der noch in Omas Küche stand und jetzt bei uns einen Ehrenplatz erhalten soll – ist ja eine wunderbare Idee, aber wie pflege ich das gute Schmuckstück?

Was tun mit Bronzeleuchtern, alten Emailgegenständen?

Wirklich aufregend wird es, wenn es um Großmutters Erbschmuck geht. Ist das wirklich Gold und Silber, was Oma hinterlassen hat, und wie läßt sich die Echtheit überprüfen?

Trotzdem sind es gerade diese Fragen, die vor allem beim Umgang mit älteren wertvollen Gegenständen immer wieder auftauchen. Für ihre Beantwortung gibt es allerdings kaum noch Fachleute, die uns lehren können, wie sich eine ganze Menge zuviel oder gar falsch eingesetzter Chemie einsparen ließe. Ich bin immer wieder überrascht, was man alles mit ein bißchen Terpentin, Kreidepulver oder Holzasche erreichen kann (Beispiele siehe unten).

Bei dieser Gelegenheit übrigens ein paar generelle Bemerkungen zum Umgang mit Chemikalien. Sie werden feststellen, daß auch hier immer wieder auf Essenzen wie Branntwein, Salmiakgeist, Fleckbenzin, Terpentin und ähnliches zurückgegriffen wird. Dazu ist folgendes zu sagen:

1) Diese Mittel sind teilweise sehr giftig – es ist also höchste Vorsicht im Umgang mit ihnen geboten (wie mir ein Malerfreund sagte, kann selbst der Umgang mit Terpentinöl auf die Dauer ziemlich gesundheitsschädlich sein).

2) Kinder haben beim Umgang mit den hier beschriebenen Mitteln überhaupt nichts verloren. Fallen sie dennoch in Kinderhände, kann bei Einnahme höchste Lebensgefahr bestehen. Also unterschätzen Sie diese Mittel bitte nicht!

3) Einige der hier verwendeten Ingredienzien haben – mit Verlaub – einen starken Eigengeruch. Probeschnüffeln schützt dabei vor unliebsamen Überraschungen (man arbeitet im allgemeinen nicht besonders gern mit noch so verdünntem Ammoniak, wenn man in einer halben Stunde liebe oder wichtige Gäste erwartet).

4) Nicht zuletzt aufgrund von erhöhten Umweltbelastungen wird das Leben heutzutage für viele Menschen durch die unangenehmen Begleiterscheinungen von Allergien vergällt. Wenn Sie zur Gruppe der Allergiker gehören, möchten wir Sie bitten, die Putzarbeiten dieses Kapitels möglichst nur mit Gummi- oder anderen Schutzhandschuhen anzugehen.

5) Wir haben die Tips und Mittel aber dennoch in unser Buch aufgenommen, weil man dank der jeweils speziellen Wirkung mit sehr geringen Mengen auskommt, die man nach Gebrauch in ein fest verschließbares Glas (mit Beschriftung) füllen und für weitere Einsätze aufbewahren kann. Fertig erhältliche Mittel bestehen wegen breiterer Anwendungsmöglichkeiten oft aus wesentlich gefährlicheren Stoffen, darüber hinaus ergeben sich häufig auch Lagerschwierigkeiten. Daher noch einmal mit Nachdruck wiederholt: Bitte generelle Vorsicht!

Alabaster MÖRSER, VASEN UND ANDERE GEGENSTÄNDE aus Alabaster lassen sich in der Regel mit einer heißen Spülmittellauge reinigen. Bei starker Verschmutzung können Sie zu einem der Mittel greifen, die unter dem Stichwort »Marmor« zu finden sind.

Asbestuntersetzer ASBESTUNTERSETZER sollten in keiner Küche mehr verwendet werden, da sie gesundheitsschädlich sind.

GELBE FLECKEN IN BADEWANNEN ODER WASCHBECKEN, die von einem tropfenden Wasserhahn herrühren, lassen sich mit Zitronensaft entfernen.

Badewannen

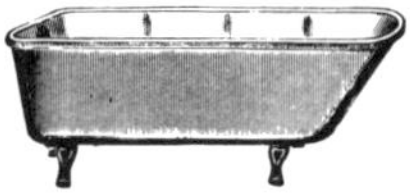

BERNSTEIN LÄSST SICH EINFACH REINIGEN, indem man ihn für kurze Zeit in reinen Spiritus legt und anschließend mit einem weichen Tuch poliert. Besonderen Glanz erzielt man mit einem Wolltuch und etwas Weingeist.

Bernstein

MATTEN UND SITZFLÄCHEN AUS BINSENGEFLECHT kann man mit Salzwasser abbürsten und reinigen. Wenn Sie diese Reinigungsmethode regelmäßig anwenden, behält das Binsengeflecht eine natürliche Grundfeuchtigkeit, die vor Zerfall bewahrt. Stark verschmutzte Matten können Sie mit einer schäumenden, nicht synthetischen Seife säubern; man sollte anschließend gründlich mit Wasser nachspülen, bis die Seife ausgewaschen ist. Geben Sie in das letzte Spülwasser etwas Salz. Auch Bast und Peddigrohr lassen sich auf diese Weise reinigen (siehe »Peddigrohr«).

Binsengeflecht

GEGENSTÄNDE AUS BRONZE lassen sich mit Hilfe von Kaminruß und einem groben Tuch (z. B. Frottee) sehr gut reinigen. Sie können Bronze auch mit einer Seifenlauge waschen, nachspülen, abtrocknen und mit Kreide polieren. Anschließend mit einem Fensterleder nachreiben.

Bronze

Bronze Ein altes Hausmittel besagt, daß Bronze mit einem Schwamm und dem ungesalzenen Kochwasser weißer Bohnen poliert werden kann.

Ein modernes Reinigungsmittel für Bronze ist Coca-Cola. Legen Sie zur Probe einen Pfennig in ein Glas Cola, und Sie werden beeindruckt sein, wie gründlich die Münze gereinigt wird.

Bilderrahmen aus Bronze lassen sich mit einem Pinsel und Spiritus vom Schmutz befreien. Anschließend wäscht man die Leisten mit einem Schwamm und viel Wasser ab und trocknet sie im lauwarmen Luftstrom eines Föns.

Chrom VERCHROMTE GEGENSTÄNDE lassen sich mit Wasser und Seife reinigen. Anschließend nachspülen und abtrocknen. Chrom ist empfindlich, deshalb verwenden Sie keine ätzenden Putzmittel, auch dann nicht, wenn die verchromten Teile sehr verschmutzt sind. Tragen Sie statt dessen einen Brei aus Kreide und Essig auf. Anschließend werden die Chromgegenstände wieder gründlich reingewaschen und mit einem Flanelltuch getrocknet.

Eisen TÖPFE, KESSEL, PFANNEN. Neue Eisentöpfe und -kessel (auch Emailkessel) sollte man mit 1 l Wasser, 2 Löffeln Essig und 5 Löffeln Salz auskochen oder mit einem kleinen Alaunwürfel und Wasser aufsetzen.

Neue Bratpfannen kocht man am besten mit Öl und Kartoffelschalen aus. Nach einer halben Stunde entfernt man Öl und Schalen und wischt die Pfanne mit Salz und Küchenpapier aus.

Eisentöpfe, die durch Speisereste fleckig geworden sind, können mit einem feuchten Wolltuch und etwas Asche gereinigt werden.

Eisentöpfe und -pfannen lassen sich mit heißem Salz und einem groben Stoff wieder blank scheuern. Früher verwendete man dafür auch feinen Sand, der mit Essig angefeuchtet wurde. Anschließend die Töpfe gut abspülen und auf kleiner Flamme trocknen.

EISEN ENTROSTEN. Mit einer Speckschwarte lassen sich Roststellen in und auf Töpfen und anderen Gegenständen aus Eisen entfernen.

ROSTSCHUTZ. Gegenstände aus Eisen können über einen längeren Zeitraum gegen Rost geschützt werden, wenn man sie eine halbe Stunde in ein Wasserbad legt, dem reichlich Alaun zugegeben wurde. Die Eisenteile sollten anschließend nicht abgewischt, sondern auf Zeitungspapier zum Trocknen ausgelegt werden.

Eisengegenstände können Sie auch mit einer Mischung aus ausgelassenem Speck und geschmolzenem Harz im Verhältnis 3:1 vor Rost schützen.

Andere Rostschutzmittel bestehen aus Soda und Pottasche (Kaliumkarbonat) oder aus weißem Wachs und Terpentinöl (zu gleichen Teilen). Tragen Sie diese Mittel mit einem groben Tuch auf. Anschließend können Sie das Eisenteil polieren.

Eisen

Schürhaken, Zangen oder Eisenbleche werden wieder wie neu, wenn man sie mit einem groben Tuch (z. B. Frottee) und einer Paste aus Holzkohle und Öl (Nähmaschinen- oder Salatöl) abreibt. Eisen und Stahl lassen sich auch mit Steinkohlenasche blank scheuern. Es eignet sich auch eine Mischung aus Sand, Seife und Soda.

Lackierte Eisengegenstände reinigt man am besten mit Wasser und Seife, trocknet sie danach ab und reibt sie mit weißem Wachs ein. So bleibt der Lack gepflegt und der Gegenstand erhält wieder ein tadelloses Äußeres. Achten Sie darauf, daß der Lack nicht splittert, da sich sonst sehr bald Rost einstellt.

Eisenpfähle für einen Zaun sollte man mit Beton oder Zement einsetzen. Heben Sie dazu ein nicht allzu tiefes Loch aus, das Sie mit fertig gemischtem Zement (oder Beton) füllen. Anschließend setzen Sie den Pfahl in die Lochmitte und befestigen ihn mit Verspannungsdrähten, bis der Mörtel hart geworden ist.

Schmiedeeisen schützt man vor Rost, indem man es nach der Reinigung mit Leinöl einpinselt und über Feuer schwarz brennen läßt. Weißer Wachs, dünn aufgetragen, gibt zusätzlichen Rostschutz.

Eisen

Eisenherde und -öfen. Die Brenner eines Eisenherdes müssen ab und zu in Seifenlauge gereinigt werden.

An den Rohrleitungen, die zu den Brennern führen, setzen sich häufig Fett und angebrannte Essensreste ab, die man mit einer Seifenlauge und einer festen Bürste abschrubben kann. Eventuell mit Essig nachwischen.

Stumpfe Herdplatten aus Eisen lassen sich mit einer Mischung aus Wasser und Graphit verschönern.

Verchromte oder lackierte Teile reinigt man mit Weizenmehl und Wasser, trocknet sie gut ab und reibt sie dünn mit weißem Wachs ein. Anschließend mit einem warmen Wolltuch nachpolieren.

Alte, rotbraun verfärbte Herdringe und gußeiserne Teile an Kohleöfen und Kochplatten brechen nicht, wenn sie mit Schweineschmalz eingerieben werden. Heizen Sie zuvor den Ofen oder Herd vor.

Eisenöfen erstrahlen wieder in ihrem eigentümlichen Schwarz, wenn man sie mit einer dünnen Paste aus 100 g Graphit, 100 g Zucker und etwas Wasser oder Essig bestreicht.

Graphit mit etwas pulverisiertem Alaun, mit Wasser angerührt, ergibt ebenfalls ein wirksames Ofenputzmittel. Bürsten Sie den Ofen damit blank.

Öfen und Ofenrohre können während ihrer »Sommerpause« gegen Rost geschützt werden, indem man sie mit einer Paste aus gelbem Wachs, Schwärze (Ofenschwärze) und Terpentinöl einreibt. Vor dem nächsten Gebrauch kann diese Schutzschicht problemlos abgewischt werden.

Feilen sollte man regelmäßig sauberbürsten, allerdings nicht mit einer Stahlbürste. So verhindern Sie, daß die Feilen im Laufe

Eisen der Zeit zubacken. Sollte dies dennoch einmal der Fall sein, halten Sie die Feile einige Zeit über heißen Dampf oder legen sie in kochendes Wasser. Alte Feilen werden wieder funktionstüchtig, wenn man sie mit Holzkohle gründlich abreibt.

Elfenbein Verfärbtes Elfenbein erhält seine ursprüngliche Schönheit nach einem längeren Bad in einer Lösung aus einem Teil Chlorkalk und 4 Teilen Wasser zurück; anschließend abspülen und trocknen lassen.

Wenn sich Elfenbein gelblich verfärbt hat, waschen Sie es mit einer einfachen Seifenlauge, reiben es anschließend mit Alkohol ab und lassen es in warmer Umgebung trocknen.

Gegenstände aus Elfenbein erhalten ihren alten Farbglanz zurück, wenn man sie mit Terpentin einreibt und in die Sonne legt.

Mit feinem Schmirgelpulver können Sie Elfenbein auf Hochglanz polieren.

Klaviertasten sollten Sie von Zeit zu Zeit mit Spiritus reinigen.

Email Schwarz verfärbte Emailtöpfe können mit einer Spülmittellauge ausgekocht werden. Sollte diese Prozedur nicht ausreichen, lassen Sie den Topf in einer Lösung aus 100 g Pottasche (Kaliumkarbonat), 100 g Chlorkalk und 1 l Wasser einige Zeit vorab einweichen. Danach gründlich mit Wasser nachspülen.

Kesselstein verschwindet, wenn man den Topf mit einer Mischung aus Essig, Salz und Wasser ausspült.

Polieren Sie Email hin und wieder mit feuchtem Holzkohlepulver; es behält auf diese Weise seinen Glanz.

Heisse Emailtöpfe sollte man nicht plötzlich in kaltes Wasser tauchen. Die Folge könnte sein, daß die Emaillackierung springt. Dieselbe Gefahr droht, wenn man nur kleine Essensmengen in Emailtöpfen aufwärmt. Der Topf darf also niemals zu »trocken« aufgesetzt werden. Allerdings können Sie dieses Risiko einschränken, indem Sie neue Emailtöpfe und -pfannen vor dem ersten Gebrauch eine Viertelstunde in einem anderen Topf mit kochendheißem Wasser erhitzen.

Emailsplitter. Verliert ein Topf Teile seiner Emailbeschichtung, sollte man ihn nicht mehr zum Kochen verwenden, denn Emailsplitter sind äußerst gefährlich.

Hartnäckigen Ansatz in Emailtöpfen entfernt man mit Zucker und Sodawasser, das man im Topf kochen läßt. Auch Essig und Salz eignen sich hierfür hervorragend.

Glas

Ein einfaches Reinigungsmittel für Glas besteht aus einem Eimer warmen Wassers mit einem Schuß Spiritus. Wischen Sie mit einem in die Flüssigkeit getauchten Schwamm über die Scheibe; anschließend mit einem Fensterleder oder einem Abzieher trocknen. Bei direkter Sonneneinstrahlung sollten Sie auf das Fensterputzen verzichten.

Auch eine warme Sodalösung ist ein guter Glasreiniger. Beseitigen Sie eventuelle Streifen nach dem Trocknen mit einem Wolltuch oder mit einem in Stücke geschnittenen, trockenen, weichen Schwamm in einem Leinentuch. Reiben Sie die Fensterscheibe damit gut ab; sie wird dadurch prächtig glänzen.

Saubere Kartoffelschalen, mit kochendem Wasser übergossen, ergeben ebenfalls einen vorzüglichen Glasreiniger.

Kleinere Glasflächen lassen sich mit Spiritus und einem Schuß Salmiakgeist reinigen. Tragen Sie die Mischung auf, und wischen Sie sie anschließend mit einem Leinengeschirrtuch ab. Dieses Mittel hilft auch gegen trübe und stumpfe Glasscheiben.

Fettflecken lassen sich mit etwas Terpentin und einem Lappen entfernen.

Farbflecken können mit Hilfe einer Rasierklinge von glatten Glasflächen abgeschabt werden. Je nach Beschaffenheit der Farbe müssen Sie (anschließend) das Glas mit Verdünner oder einem im Handel erhältlichen Abbeizmittel (nach-)behandeln. Reiben Sie danach das Glas dick mit grüner Seife ein, die Sie kurze Zeit einwirken lassen und dann gründlich abwaschen.

Glas

Verschmutzte Milchglasfenster können Sie mit heißem Essigwasser reinigen.

Bei Frostwetter können Sie Fensterscheiben und Autoglas mit etwas Kreidepulver in einem kleinen Mullsäckchen reinigen. Anschließend mit Zeitungspapier nachwischen.

Gold

Machen Sie die Goldprobe. Ob ein Gegenstand tatsächlich aus echtem Gold ist, können Sie von einem Juwelier mit Hilfe des sog. »Königs-« oder »Scheidewassers« jederzeit feststellen lassen. Diese Testlösung setzt sich aus 30 ml HNO_3 (Salpetersäure), 0,5 ml HCL (Salzsäure) und 70 ml H_2O (Wasser) zusammen. Wenn man nun mit dem fraglichen Goldstück zweimal über einen schwarzen Stein (z. B. Marmor) kratzt, bleiben zwei dünne Streifen auf dem Stein zurück, auf die man die Testlösung aufträgt und vollständig verdunsten läßt. Sind die Streifen danach noch sichtbar, dann hat man es mit echtem Gold zu tun; sind sie nicht mehr sichtbar, so handelt es sich um Goldimitat.

Pures Gold – ohne eingesetzte Steine – kann man mit einer Seifenlösung und einem Schuß Salmiakgeist reinigen. Trocknen Sie den Gegenstand danach gründlich ab, und polieren Sie ihn mit Waschleder und einem Mittel, das früher häufig verwendet wurde: Polierrot.

Rezept für Polierrot: 50 g Magnesiumoxyd, 43 g Magnesiumkarbonat und 7 g rotes Eisenoxyd.

Gold

SCHWARZ VERFÄRBTES GOLD läßt sich mit 1 g Chlorkalk und 1 g Salz in 18 g lauwarmem Wasser und einer kleinen, weichen, kurzhaarigen Bürste wieder auffrischen. Anschließend abspülen, trocknen und mit Polierrot und Spiritus oder Zwiebelsaft abreiben.

VERGOLDETE GEGENSTÄNDE lassen sich mit Schmierseifenlauge gut reinigen. Nach dem Abspülen der Lauge wischen Sie mit einem in Spiritus getränkten Lappen nach.

Wenn Sie nicht sicher sind, ob die Vergoldung echt ist, dann reinigen Sie den Gegenstand vorsichtshalber nur mit lauwarmem Wasser (ohne Seife), einem Schwamm oder einem Fensterleder.

GOLDKETTEN lassen sich einfach reinigen, indem man sie ca. 10–15 Minuten in eine Lösung aus Essig und Salz legt, anschließend mit klarem Wasser spült und mit einem Tuch poliert.

VERGOLDETE BILDERRAHMEN sollten zunächst mit einem weichen Pinsel entstaubt (ein Pinsel ist hierfür besser geeignet als ein Staubtuch), danach mit einem anderen Pinsel und etwas Spiritus gereinigt werden.

Ein hervorragendes Reinigungsmittel für vergoldete Bilderleisten erhält man mit folgender Rezeptur: Rühren Sie in 1 l Was-

Gold

ser so viel Schwefelpulver, bis eine trübe Flüßigkeit entsteht. Darin kochen Sie fünf feingeriebene Zwiebeln ca. 10 Minuten lang. Sieben Sie die Flüssigkeit, und lassen Sie sie vollständig abkühlen. Mit diesem Zwiebelwasser und einer weichen Bürste reinigen Sie die Bilderleisten. Zum Schluß einige Male mit klarem Wasser und einem Schwamm nachwischen. Das restliche Zwiebelwasser können Sie in einer gut verschließbaren Flasche aufbewahren.

Gummi

Hart gewordenes Gummi wird in einer Lösung aus einem Teil Salmiakgeist und 2 Teilen Wasser wieder weich.

Gartenschläuche sollte man nach dem Gebrauch locker aufwickeln. Dazu eignet sich eine ausgediente Autofelge, die man an einem möglichst schattigen Ort an der Wand befestigt.

Holz

Holzfussböden. Fettflecken auf gebeizten Holzfußböden lassen sich mit Terpentin entfernen. Sie sollten das Mittel kurz einwirken lassen, anschließend die Stelle abwaschen und mit Holzbeize nachfärben.

Lackierte Böden sollten vor dem ersten Gebrauch mehrmals mit kaltem Wasser gewischt werden. Das härtet einerseits den Lack und verhindert andererseits, daß der Boden klebt.

Holz GEBRAUCHSGEGENSTÄNDE aus Holz kann man aufhellen, indem man sie mit einer Mischung aus Wasser und Kreide scheuert.

SCHWERGÄNGIGE HOLZSCHUBLADEN gleiten wieder mühelos, wenn Sie die Führung mit Talkumpuder einreiben.

EINEN VERZOGENEN EINLEGEBODEN legt man für 24 Stunden auf eine flache Unterlage und bedeckt ihn mit triefendnassen Tüchern. Dann beschwert man ihn über die gesamte Fläche mit einem Gewicht. Der Einlegeboden wird sich durch die Feuchtigkeit und das Gewicht wieder geradeziehen.

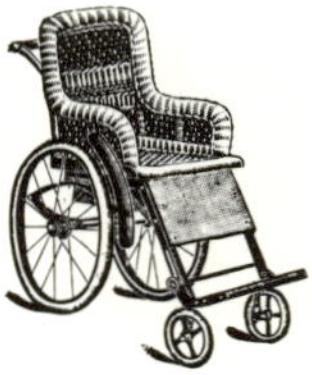

Korbmöbel KORBMÖBEL REINIGEN. Wenn heißes Wasser und ein Schwamm nicht ausreichen, dann versuchen Sie es doch mit einer harten Bürste und lauwarmem Wasser, dem ein Schuß Salmiakgeist zugesetzt wird.

Rohr- und Korbmöbel lassen sich auch mit einer einfachen Seifenlauge reinigen. Achten Sie bei farbigen Möbeln darauf, daß die Seife alkalifrei ist.

Korbmöbel

Durchgesessene Korbmöbel können Sie wieder spannen, indem Sie die Rückenlehnen und Sitzflächen mit heißem Wasser oder einer Seifenlauge mit einem Schuß Spiritus anfeuchten. Lassen Sie die Möbel an einem warmen Ort trocknen.

Kupfer

Je nach Grad der Verschmutzung kann Kupfer auf verschiedene Art und Weise gereinigt und poliert werden:

Reinigen:

Mit Sauerkrautsud abbürsten, dann mit Holzkohlenasche nachreiben.

Fett- oder Ölflecken mit Salz abreiben.

Mit einer Paste aus Seife, Branntwein und Kreide abreiben.

Mit Salmiakgeist und grüner Seife einreiben. Besonders altes Kupfer wird dadurch wieder wie neu.

Grünspan mit Salmiakgeist, Terpentin oder Petroleum abwaschen.

Mit einer halben Zitrone einreiben, die man zuvor in eine Paste aus Kartoffelstärke und Essig tunkt. Dann mit feinem Sand oder Heilerde nachpolieren.

Kupfer

Kleine und schwer zu reinigende Kupfergegenstände (z. B. Uhrketten) legt man mehrere Stunden in saure Milch und spült sie anschließend mit einer alkalifreien Lösung. Danach mit Sägemehl oder einem Fön trocknen.

Paraffin reinigt alle Kupfersorten.

Kupferketten reinigt man, indem man sie eine Zeitlang in Salzwasser legt und danach mit Seifenlauge und Asche säubert. Trocknen Sie die Ketten mit Sägemehl, und reiben Sie sie mit einem Wolltuch und etwas Kreidepulver nach.

Grüne Verfärbungen (auch bei Bronze und Messing) behandelt man mit einer Lösung aus 3 Teilen Ammoniumkarbonat, einem Teil Salmiakgeist und 24 Teilen Wasser.

POLIEREN:

Wiener Kalk ist ein ideales Politurmittel für feine Kupfergegenstände.

Eine Mischung aus Kreide, Schwefelpulver und Essig eignet sich vorzüglich, um Kupfer einen goldgelben Farbton zu verleihen. Danach mit Terpentin abreiben und anschließend mit weißem Wachs vorsichtig polieren.

Besonders filigran gearbeitetes Kupfer sollten Sie erst reinigen, im Anschluß mit einer Nagelbürste und Benzin behandeln, wenn es stark verschmutzt ist, in Buttermilch oder saure Milch legen, dann mit feinem Sand scheuern, abspülen und trocknen.

Kupfer

Türgriffe und -beschläge aus Kupfer behandelt man hin und wieder mit einem Wolltuch, das mit ein wenig Salmiakgeist beträufelt wird.

Mit einem weichen Fensterleder oder einem Gamslederhandschuh läßt sich Kupfer am besten blankpolieren.

Leder

DIE ECHTHEITSPROBE BEI LEDER. Ob etwas aus echtem Leder oder aus Kunstleder ist, erkennen Sie, wenn Sie ein Stückchen des Materials einige Zeit in Essig tauchen. Kunstleder wird gallertartig glatt, echtes Leder dagegen verändert sich nicht.

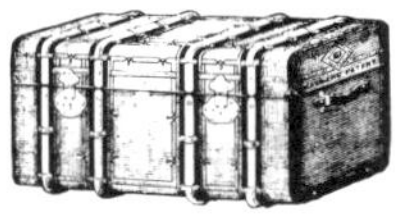

SO WIRD LEDER SCHMUTZABWEISEND. Tragen Sie bei neuem, noch ungetragenem oder ungebrauchtem Leder (Taschen, Koffer, Gürtel, Schuhe, Stiefel) am besten ein spezielles Lederfett auf. Besonders bei Schuhen und Stiefeln empfiehlt sich eine Behandlung mit Lederfett, da das Leder vielen Witterungseinflüssen ausgesetzt ist.

Lederfett: In einem Topf schmelzen Sie 10 Teile Schafsfett, 10 Teile Leinöl und einen Teil Terpentin und geben die Mischung auf das leicht erwärmte Leder.

Leder

HELLES LEDER DUNKEL FÄRBEN. Helles Leder kann man mit einer Mixtur aus Milch und Salmiakgeist dunkler färben. Je öfter Sie das Leder damit einreiben, desto dunkler wird es. Allerdings müssen Sie nach jedem Auftragen warten, bis das Leder trocken ist. Abschließend sollten Sie es mit Terpentin und Bienenwachs solange einreiben, bis es glänzt.

SO WERDEN LEDERSTIEFEL WASSERDICHT. Schmelzen Sie 2 Teile Bienenwachs und einen Teil Schafsfett, und tragen Sie diese Mischung abends auf die trockenen Stiefel auf. Am nächsten Morgen wird das Fett mit einem weichen Wolltuch entfernt. Die Stiefel sind nun gegen Regen und Schnee gefeit.

Sie können aber auch so vorgehen: 1/2 l Leinöl, 500 g Schafsfett, 100 g Wachs und 60 g Harz auf kleiner Flamme langsam schmelzen und verrühren. Reiben Sie damit die Stiefel ein, solange die Mischung noch warm ist, denn das erhöht die Wirkung.

FEUCHTE LEDERSCHUHE lassen sich nur schwer putzen. Wenn man jedoch ein wenig Milch unter die Schuhcreme rührt, stellt sich der Glanz von alleine ein.

HART GEWORDENE SCHUHE werden mit Petroleum oder Rizinusöl wieder weich.

BRAUNE STIEFEL SCHWARZ FÄRBEN. Rauhen Sie die Stiefel mit Terpentin und einem sehr feinen Naßschleifpapier an. Dann lassen Sie das Leder trocknen und reiben mit einem Flanelltuch und Salmiakgeist nach. Anschließend tragen Sie mit einem Pinsel Ausziehtusche auf, lassen diese gut trocknen und putzen die Stiefel mit einer schwarzen Schuhcreme.

BRAUNES STIEFELFETT. Gießen Sie 1/2 l Terpentin über 225 g in kleine Stücke geschnittenes, gelbes Wachs und lassen diese Mischung einige Tage ziehen.

Dann rühren Sie 225 g feste, weiße (oder gelbe) Seife und etwas kochendes Wasser zu einem zähen Brei und vermischen beide Mixturen miteinander. Anschließend geben Sie noch etwas Farbstoff hinzu, bis der gewünschte Farbton entstanden ist. Das Stiefelfett sollten Sie in einer gut verschließbaren Flasche aufbewahren.

SCHWARZE SCHUHCREME NACH ALTER REZEPTUR. Verquirlen Sie mit einer Gabel ein Ei, und rühren Sie einen Löffel Essig, 2 Löffel Bier, einen Löffel Ruß und einige Tropfen Petroleum darunter.

WILDLEDERSCHUHE sollten von Zeit zu Zeit mit einer speziellen Gummibürste (im Fachhandel erhältlich) abgebürstet werden. Sie können auch eine kleine Stahlbürste oder ein rauhes bzw. feines Schleifpapier verwenden (je nach Empfindlichkeit des Leders).

Leder

BEIGEFARBENE GLACÉ-HANDSCHUHE REINIGEN. Lösen Sie etwas Schmierseife in heißer Milch auf, und geben Sie ein Eigelb und ein paar Tropfen Salmiakgeist hinzu. Ziehen Sie die Handschuhe an, und waschen Sie mit der jeweils einen Hand die andere sauber. Anschließend mit lauwarmem Wasser spülen und zum Trocknen aufhängen (nicht in direktem Sonnenlicht).

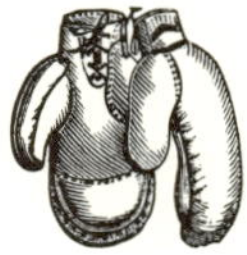

FARBIGE GLACÉ-HANDSCHUHE drückt man in einer Schüssel mit Waschbenzin aus, bis sich das Benzin dunkel färbt. Anschließend spült man sie in sauberem Waschbenzin, reibt sie mit Frotteetüchern trocken und hängt sie zum Lüften auf.

VERZOGENE GLACÉ-HANDSCHUHE legt man einige Stunden zwischen feuchte Tücher, dann streift man sie über und läßt sie an den Händen trocknen.

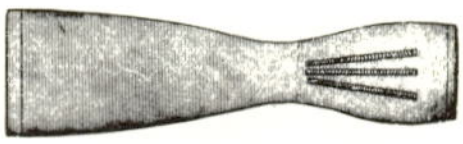

»WIDERSPENSTIGE« GLACÉ-HANDSCHUHE, die nach und nach durch Schweißaufnahme ihre Geschmeidigkeit verloren haben, bestreut man innen mit etwas Talkumpuder.

LEDERHANDSCHUHE sollte man nicht auf der Heizung trocknen, da sie von der Hitze hart und sogar brüchig werden.

Das Durchschwitzen in Lederhandschuhen verhindern Sie, indem Sie etwas Talkumpuder in die Handschuhe streuen.

Wildlederhandschuhe lassen sich mit einer Lösung aus einem Teil Salmiakgeist und 5 Teilen kaltem Wasser reinigen. Danach zunächst in einer lauwarmen Schmierseifenlauge und dann in lauwarmem Wasser mit Soda ausspülen; anschließend das Wasser mit Frotteetüchern herauspressen. Dann zieht man die Handschuhe an und reibt sie mit einem sauberen Handtuch ab. Zum Schluß legt man sie auf ein Flanelltuch – nicht in die Sonne – und läßt sie durchtrocknen.

Fettflecken auf Lederhandschuhen. Erst etwas Paniermehl oder Brotkrümel über den Fleck reiben und ihn anschließend mit einem Flanelltuch, Alaun und Lehmpulver behandeln.

Ledergürtel reinigt man mit einem Frotteetuch, das mit einer Lösung aus einem Teil Salmiakgeist und 10 Teilen Wasser durchtränkt wird.

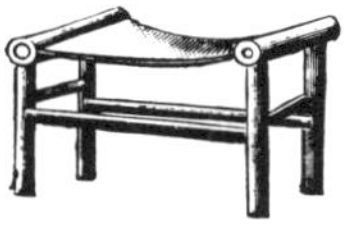

Antike Ledermöbel erstrahlen in neuem Glanz, wenn man sie zunächst gründlich reinigt (festsitzenden Schmutz lösen Sie mit verdünntem Terpentin) und anschließend mit geschlagenem Eiweiß oder einer Mixtur aus Milch (eine Tasse) und einem Schuß Terpentin abreibt.

Leder LEDERSTÜHLE REINIGEN. Zuerst müssen die Stühle gründlich abgebürstet und gesäubert werden. Danach mit einem Schwämmchen und Benzin oder Milch abreiben. Im Fachhandel sind auch Leder- und Sattlerseife erhältlich.

Linoleum LINOLEUM VOR DEM AUSTROCKNEN BEWAHREN. Sie sollten es hin und wieder mit einer Seifenlauge reinigen, danach mit verdünnter Milch abwaschen, mit einer Paste aus Wachs und Terpentin einreiben und zum Schluß mit einer Bürste und einem Baumwolltuch polieren. Kleine Risse im Linoleum kann man mit Leinöl behandeln.

Marmor LEICHT VERSCHMUTZTEN MARMOR kann man mit normaler Seifenlauge reinigen. Danach sollte der Marmor mit Wasser abgespült, getrocknet und mit einer Paste aus Kreidepulver und Olivenöl poliert werden.

Sollten Sie mit dieser Methode keinen Erfolg haben, eignet sich auch eine Mischung aus 6 Teilen Soda, 3 Teilen Kreidesediment und 3 Teilen Bimssteinpulver, die Sie mit kochendheißem Wasser zu einem Brei verrühren. Tragen Sie diesen Brei mit einer Bürste auf, lassen Sie ihn einziehen und antrocknen. Anschließend gut abspülen und den Marmor mit einem weichen, trockenen Lappen abreiben. Verwenden Sie für kleinere Gegenstände ein Wolltuch.

FETTFLECKEN auf Marmor lassen sich mit einer Mischung aus einem Teil Kalk, einem Teil Bimsstein und 2 Teilen Natriumkarbonat entfernen.

ROSTFLECKEN auf Marmor entfernen Sie mit einer Paste aus Benzin und Kreide. Tragen Sie diese dick auf den Fleck auf, und legen Sie eine Plastikfolie darüber, damit sie nicht zu schnell verdunstet. Entfernen Sie die Paste erst, wenn sie getrocknet ist.

BLUTFLECKEN auf Marmor können Sie erfolgreich mit Magnesiumoxyd und Benzin behandeln. Lassen Sie das Mittel ein wenig einziehen.

WEIN- UND TINTENFLECKEN auf poliertem Marmor, die nicht sofort mit Wasser entfernt werden, kann man später mit einigen Tropfen Zitronensäure oder Weingeist behandeln.

Bei Naturmarmor weicht man die Flecken mit der oben erwähnten Paste aus Kreide und Benzin einige Stunden ein und scheuert sie dann mit Bimssteinpulver weg.

POLIERMITTEL: Mit Talkumpuder oder mit einer Mischung aus 80 g Terpentin, 10 g weißem Wachs sowie 2 g verdünntem Leim und einem warmen Wolltuch abreiben.

MARMOR KLEBEN. Früher klebte man gebrochene oder abgesplitterte Marmorteile entweder mit Wasserglas, einer Mischung aus Gelatine und Essig oder angerührtem Gips. Heutzutage empfiehlt sich allerdings eher ein moderner Zweikomponentenkleber.

Messing siehe »Kupfer« (Messing ist eine Kupfer-Zinklegierung, deren Helligkeit von der Menge der Zinkanteile abhängt).

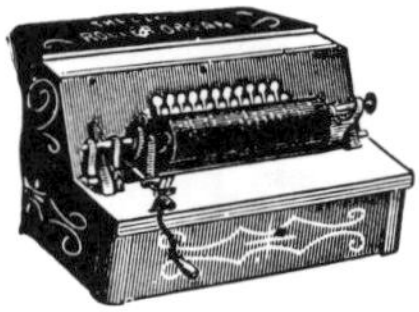

Metall LACKIEREN. Metall läßt sich mit einer Lösung aus 100 g Schellack, 10 g Terpentinöl und 180 g Alkohol braun lackieren.

ROSTSCHUTZ. In warmem Terpentin gelöstes Schwefelpulver stellt ein wirksames Rostschutzmittel für Metallgegenstände dar.

VERSCHMUTZTES METALL läßt sich hervorragend mit dem ungesalzenen Kochwasser von weißen Bohnen reinigen.

Möbelholz WEISSE FLECKEN auf polierten Möbeln verschwinden häufig, wenn man ein glühendheißes Metall vorsichtig darüber hält und die Stelle anschließend mit einem warmen Flanelltuch nachreibt. Sie können die Flecken auch vorsichtig mit einem warmen Bügeleisen und einem Flanelltuch behandeln.

SCHIMMELFLECKEN können mit Petroleum und einem Woll- oder Flanelltuch entfernt werden.

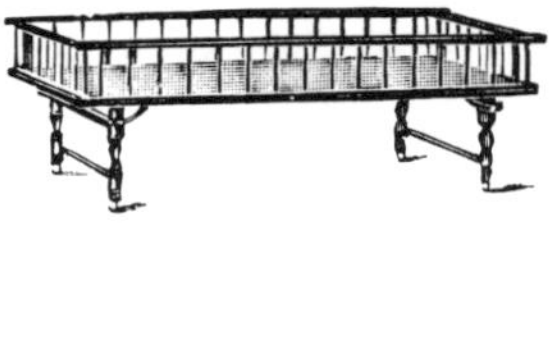

Möbelholz

SCHWARZE STREIFEN VON GUMMISOHLEN lassen sich mit Terpentin beseitigen.

MÖBELPOLITUR. Füllen Sie ein Glas zu gleichen Teilen mit weißem Wachs und Terpentin. Dann lassen Sie diese Lösung an einem warmen Ort (nahe der Heizung) einen Tag lang stehen. Danach gut durchrühren, auf das unbehandelte Möbelholz auftragen und am nächsten Tag wieder abbürsten.

Eine altbewährte Möbelpolitur erhält man auch nach folgendem Rezept: 4 Teile weißen Bienenwachs und 3 Teile Terpentin auf kleiner Flamme vorsichtig schmelzen, die Mischung vom Herd nehmen und unter ständigem Rühren 2 Teile Spiritus hinzugeben. Tragen Sie anschließend die Politur mit einem Leinentuch auf die Möbel auf.

Ein leicht herzustellendes Möbelpflegemittel besteht aus Speiseöl und etwas Salz oder Essig.

Mit einigen Tropfen Essig läßt sich die Pflegewirkung von im Handel erhältlichen Möbelpolituren erhöhen.

Nickel

NICKEL REINIGEN. Gegenstände aus Nickel lassen sich sehr gut in heißem Wasser abbürsten und anschließend mit einem Wolltuch trockenreiben. Auch Coca-Cola ist ein sehr gutes Reinigungsmittel.

Nickel

Unsere Großmütter praktizierten eine ganz einfache Methode. Sie übergossen die reinigungsbedüftigen Gegenstände mit dem abgeschütteten Kochwasser von Kartoffeln.

Belag in Nickelteekannen entfernt man mit einer kräftigen Spülmittellösung, die man über Nacht in der Kanne stehenläßt. Am nächsten Tag gründlich sauberschrubben, ausspülen und abtrocknen.

Nickel wird wieder wie neu, wenn man es mit einem Flanelltuch und einer Paste aus Kreide und Genever abwischt. Anschließend in heißer Seifenlauge spülen.

Nickeloberflächen, die durch den Kontakt mit Obst, Essig oder Salz stumpf und matt wirken, werden durch das Einreiben mit Stearinöl wieder glänzend.

Rostflecken auf Nickel kann man mit einer Speckschwarte einfetten und anschließend mit einem Wolltuch und Salmiakgeist entfernen.

Rostschutzmittel: Verrühren Sie 250 g Stearinöl, 6 g Salmiakgeist, 12 g Benzin und 18 g Weingeist sehr sorgfältig, und reiben Sie damit die Nickeloberflächen ein. Reste dieses Rostschutzmittels sollten in einer verschließbaren Flasche aufbewahrt werden.

Peddigrohr

PEDDIGROHR WIRD WIEDER HELL, wenn man es mit einer Seifenlauge abwäscht und danach in Bleichwasser bleicht.

Peddigrohr und Bast lassen sich mit einer Seifenlösung reinigen. Geben Sie in das letzte Spülwasser etwas Salz; so verlängern Sie die Lebensdauer des Materials.

Polsterbezüge

POLSTERBEZÜGE AUS SEIDE ODER GOBELIN erhalten frischen Farbglanz, wenn man sie mit Kartoffelmehl abreibt, das man anschließend vorsichtig wieder abbürstet.

Porzellan

ALTES, BRAUN VERFÄRBTES PORZELLAN läßt sich wieder aufhellen, indem man es mit feinem Sand und Wasser poliert.

ALTEN KAFFEEKANNEN mit starker Innenverschmutzung kann man mit einer intensiven, heißen Sodalösung, die man einige Stunden in der Kanne wirken läßt, zu neuem Glanz verhelfen. Anschließend mit einer Seifenlauge reinigen und mit klarem, warmem Wasser ausspülen.

BRANDFLECKEN AUF PORZELLAN lassen sich mit einem nassen und in Salz getauchten Korken wegreiben.

Silber

Wie testet man die Materialechtheit bei Silber? Mit einer starken Salzlösung können Sie die Silberprobe machen. Legen Sie den Gegenstand in die Salzlösung: Reines Silber wird sich nicht verändern, Silberimitat hingegen wird eine violette Färbung annehmen. Darüber hinaus kann jeder Juwelier (siehe »Gold«) überprüfen, ob ein Gegenstand aus Silber besteht oder nicht.

Reinigen und Polieren. Silber läßt sich auf vielfache Weise reinigen und polieren. Hier einige Möglichkeiten:

Pinseln Sie das Silber mit einer Paste aus Salmiakgeist und Kreidepulver ein, die Sie nicht zu lange einwirken lassen dürfen, sondern direkt mit einer weichen Bürste wieder entfernen sollten.

Reinigen Sie das Silber mit einem feuchten Tuch und Zigarrenasche oder Rußpulver. Danach mit einem Waschleder polieren.

Sollten die oben aufgeführten Ratschläge nicht zum gewünschten Erfolg führen, versuchen Sie es mit folgenden Rezepturen und Methoden:

Silberputzmittel. Verrühren Sie 75 g Kreidepulver, 80 g Salmiakgeist, 120 g Spiritus und 1/2 l Wasser miteinander. Bewahren Sie die Flüssigkeit in einer gut verschließbaren Flasche auf.

SEDIMENT AUS WEISSER KREIDE ALS PUTZ- UND POLIERMITTEL. Die Kreide sollte möglichst feingewalzt werden (mit einem Teigroller auf einer glatten Unterlage). Geben Sie das Pulver in ein Säckchen aus feinem Gewebe (Musselin), und hängen Sie es an einem Bleistift o. ä. in ein Gefäß mit Wasser. Wenn Sie das Gefäß hin und wieder schütteln, dringt das feine Pulver durch den Stoff und sinkt auf den Boden. Lassen Sie das Wasser eine Zeitlang stehen, und gießen Sie es dann ab. Das Pulver sollte anschließend an einem warmen Ort getrocknet und in einer gut verschließbaren Büchse aufbewahrt werden. Mit diesem Pulver erzielen Sie rasch den strahlendsten Glanz auf Edelmetallen.

POLIERMITTEL FÜR EDELMETALLE. Weißes Kreidepulver wird zu gleichen Teilen mit Polierrot gemischt (siehe »Gold«) und mit Spiritus oder Salmiakgeist zu einer Paste verrührt. Reiben Sie das Metall damit ein. Das getrocknete Pulver mit einem weichen Pinsel entfernen. Zum Schluß mit Wildleder polieren (diese Methode eignet sich auch für Gegenstände aus Kupfer).

SILBERBESTECK UND -GESCHIRR aus purem Silber wird wieder wie neu, wenn man es 15 Minuten in Wasser mit einem kräftigen Schuß Salmiakgeist auskocht. Sodawasser eignet sich ebenfalls. Nach dem Abtrocknen (falls es sich um kleine Objekte mit schwer zugänglichen Stellen handelt, trocknet man sie in Sägemehl oder mit einem Fön) sollten die Silberteile mit einem Wolltuch und Kreidepulver poliert werden.

Silberbesteck oder -geschirr, das für längere Zeit nicht verwendet wird, kann fleckig anlaufen. Dies können Sie verhindern, wenn Sie die Silbergegenstände in einem verschlossenen Kunststoffbeutel aufbewahren.

Fleckig angelaufenes Silberbesteck erhält seinen alten Glanz zurück, wenn Sie es ca. eine halbe Stunde in saurer Milch baden und anschließend mit warmem Wasser abspülen.

Silberbesteck, das sich durch Fruchtsäure, Eigelb o. ä. verfärbt hat, kann mit heißem Kochsalz blank poliert werden.

Neue Silberbestecke und Teekannen lassen sich mit Putzwolle oder Frottee und einer Mischung aus Wiener Kalk und Spiritus reinigen. Mit einem warmen Wolltuch nachpolieren.

Zum Einnehmen von Medizin sind Silberlöffel nicht geeignet. Sollten sie sich dadurch aber bereits verfärbt haben, können sie mit Putzwolle saubergerieben und anschließend in eine Seifenlauge gelegt werden. Mit Kreidepulver polieren.

Wachs auf silbernen Kerzenleuchtern entfernt man zunächst per Hand. Um den Kerzenleuchter von den verbliebenen Wachsspuren zu befreien, hält man ihn kurz unter heißes Wasser und reinigt ihn anschließend mit Kreidepulver oder einem Silberputzmittel (siehe Rezept).

Silbermünzen reinigt man mit einer Kreidepaste und dünnem Fließpapier (Papiertaschentuch).

Silber

ANTIKE UHREN haben oft ein versilbertes Zifferblatt, dem man bei starker Verschmutzung mit Hilfe einer halbierten Kartoffel neuen Glanz verleihen kann.

Eine andere, sehr alte Methode: Reinigen Sie das Zifferblatt mit einem Rasierpinsel aus Schweinsborsten und einer Mixtur aus Weinsteinpulver und Wasser.

Stahl

STAHL ERHÄLT SEINEN ALTEN GLANZ ZURÜCK, wenn man ihn mit Nähmaschinenöl bestreicht, das Öl mindestens einen halben Tag einwirken läßt, den Gegenstand danach mit einer Paste aus Öl und Schmirgelpulver abbürstet und mit einem weichen Tuch poliert.

NIROSTASPÜLEN UND MESSER AUS STAHL können Sie mit einer Paste aus Mehl oder Kleie und Essig polieren. Auch mit Schwefelpulver lassen sich gute Ergebnisse erzielen.

(Stein- oder Granitspülen kann man mit einer einfachen Seife reinigen. Anrichten aus Holz schützt man vor Fruchtsäuren o. ä., indem man sie mehrmals in der Woche mit Lein- oder Olivenöl einreibt und anschließend mit einem warmen Wolltuch poliert.)

ALTE ROSTSTELLEN auf blankem Stahl lassen sich mit Olivenöl beseitigen, das einige Tage einwirken sollte. Anschließend empfiehlt es sich, die Stellen mit einem Holzklötzchen oder einem Korken und feinem Schmirgelpulver zu bearbeiten. Poliert wird mit einer Paste aus Essig und Schmirgelpulver sowie zuletzt mit Polierpulver und einem Stück Leder.

Mit einer halben Kartoffel und Schmirgelpulver lassen sich frische Roststellen ohne Aufwand beseitigen, bei älteren Rostflecken dauert es mit dieser Methode ein wenig länger.

Alte Roststellen können Sie auch mit einer kurzhaarigen Bürste und Petroleum behandeln und, man sollte es nicht glauben, sogar mit Tomatenketchup läßt sich Rost entfernen.

Schlittschuhe entrosten. Mit Salmiakgeist entfernt man die Rostflecken. Mit feinem Naßschleifpapier und Wasser schmirgelt man anschließend vorsichtig die Kufen.

Schlittschuhe sollten nach jedem Gebrauch für einige Zeit an einen warmen Ort gestellt werden, damit auch schwer erreichbare Metallpartien trocknen können. Anschließend mit Olivenöl oder festem Fett einreiben.

Rostschutz. Scheren, Nagelzangen, Pinzetten usw. rosten nicht, wenn man sie in einem Schränkchen aufbewahrt, in dem ein Stück Kalziumchlorid in einem offenen Glas oder auf einer Untertasse liegt. Schauen Sie hin und wieder nach, ob das Stückchen noch nicht verdampft ist, und erneuern Sie es gegebenenfalls. Darüber hinaus empfiehlt es sich, die beweglichen Teile dieser Instrumente zur Rostabwehr mit Paraffinöl einzureiben.

Rostschutz fürs Fahrrad. Reiben Sie die gefährdeten Teile mit einer Mixtur aus Wachs und Terpentin ein.

Stahl

Fahrradketten schmieren. Verkneten Sie etwas Graphit mit Vaseline, bis eine homogene Salbe entsteht, mit deren Hilfe die Fahrradketten wie geschmiert über die Zahnräder laufen.

Werkzeuge aus Stahl härten. Werkzeugteile aus Stahl lassen sich härten, indem man sie in einem Feuer glühend heiß werden läßt und sofort danach in kaltem Wasser mit einigen Tropfen Öl abschreckt.

Sägen sollten ab und zu mit einer Speckschwarte abgerieben werden. Diese Prozedur beseitigt bestehende Rostflecken, bewirkt einen gewissen Rostschutz und fördert eine leichte Gängigkeit des Sägeblattes. Wenn Sie die Säge während des Gebrauchs hin und wieder mit grüner Seife einreiben, gleitet sie ebenfalls besser.

Stumpfe Sägen können Sie mit einer Dreikantfeile schärfen.

Steinböden

Steinböden schrubben Sie am besten mit einer Lauge aus grüner Seife. Meiden Sie dagegen Soda oder ähnliche Putzmittel, die die Farbe angreifen.

Strohmatten

Strohmatten werden wieder sauber und ansehnlich, wenn man sie mit einer weichen Bürste und Salzwasser abschrubbt.

Teppich Teppiche erstrahlen in neuem Farbglanz, wenn Sie mit Essigwasser behandelt werden.

Teppiche sollte man von der Rückseite klopfen, die Vorderseite nur abbürsten. Im Winter lassen sich Teppiche hervorragend reinigen, wenn man sie auf den Schnee legt und dann klopft.

Falten oder Knicke im Teppich lassen sich beseitigen, indem Sie den Teppich an der Knickstelle gut anfeuchten, für 24 Stunden aufhängen, um ihn anschließend mit einem heißen Bügeleisen von der Rückseite trockenzubügeln. Die geknickte Stelle bleibt allerdings schwach erhalten. Daher empfiehlt es sich, von hinten einen festen Stoff wie z. B. schwere Jute oder Leinen gegenzunähen.

Zink Zinkgegenstände säubern Sie am besten mit einer Mischung aus Lehm und Kreidepulver. Zink wird wieder blank, wenn Sie das Metall mit einer Paste aus Kreide und Branntwein abbürsten.

Zinn Unbemalten Zinngegenständen kann man mit feuchter Zigarrenasche auf einem Flanelltuch eine schöne blaue Farbe verleihen. Den gleichen Effekt erzielt man mit in warmem Wasser gelöstem Terpentin.

BEMALTE ZINNSOLDATEN reinigt man in einer Mischung aus Soda und Wasser und spült sie anschließend in lauwarmem Wasser unter Zugabe von ein wenig Zitronensaft. Mit einem saugfähigen Tuch gründlich trocknen.

VERSCHMUTZTES ZINN läßt sich mit einer Paste aus Kreide und Branntwein blank polieren.

Andere Zinnreinigungsmittel sind Sodawasser, Bier oder Essig.

Kapitel 3

Wie man sich kleidet, so geht man
Behandlung von Stoffen und Kleidung

Kennen Sie »Des Kaisers neue Kleider«? Ich muß gestehen, daß es sich dabei um eines meiner Lieblingsmärchen handelt. Ich liebe dieses Märchen, weil in ihm nicht die geringste Spur eines menschenfressenden Wolfs vorkommt oder gar einer Stiefmutter von wirklich unsäglich miserablem Charakter. Vor allem aber fasziniert mich diese Geschichte, weil in ihr von zwei mir selbst nur allzu gut bekannten menschlichen Eigenschaften die Rede ist, von der Eitelkeit und der Dummheit. Und ich muß gestehen, daß ich mir »Des Kaisers neue Kleider« nicht selten für mich selbst wünschen würde.

Es ist immer wieder das alte Lied; man tritt vor seinen Kleiderschrank, seinen »Stummen Diener«, sein Schuhregal, unterzieht das Angebot einer strengen Prüfung, denkt an den festlichen Anlaß am Abend und kommt nach reiflicher Überlegung zu dem sicheren Schluß: Alles absagen! Wir haben überhaupt nichts anzuziehen. Wie krumpelig das alles aussieht! Der Pelz wurde versehentlich naß in den Schrank gehängt, der Samt ist plattgedrückt, die Baumwollhemden haben in der Sonne gelegen und sind verblaßt, das Lamé ist angeschmuddelt, die Manschettenknöpfe passen nicht durch die Löcher, beim Satin-Top wußte man schon das letzte Mal nicht, wie man es wieder sauberkriegen soll, von den Wollpullovern wollen wir nicht reden, die Tücher da drüben wird man einfach überfärben müssen und die Seidenteile – auch ihr Zustand ist beinahe hoffnungslos. Solche Erfahrungen verraten nicht etwa, daß man nun besonders unachtsam mit seiner Garderobe umginge. Sie weisen schlicht darauf hin, daß beim Zusammenstoß von Stoff und Alltag es meist der Stoff ist, der leidet – und es gilt leider die Faustregel: Je feiner der Stoff, desto deutlicher vorhanden und um so schwerer zu entfernen sind die Alltagsspuren. So mußte ich, nachdem Kinder und Hunde in mein Leben getreten waren, die Erfahrung machen, daß mein vormals enges Verhältnis zu weißen Kleidungsstücken erst etwas distanzierter wurde und dann endgültig zerbrach. Was ging, wurde überfärbt, der Rest peu à peu zu Putzlumpen degradiert. Aus diesem Grund wurde dieses Kapitel zusammengestellt: Viele Katastrophen lassen sich vermeiden, wenn man die Stoffe schon vorher richtig behandelt hat, und viele weitere lassen sich korrigieren, wenn man nur weiß, wie es gemacht wird. Im Grunde würde ich also jedem, der an seiner Garderobe »hängt«, empfehlen, das Kapitelchen einmal ganz zu lesen. Man hat dann eine ungefähre Vorstellung davon, wo man nachschauen muß. Und im Zweifel kann Eile geboten sein!

Tun Sie den Herausgebern aber vor allem einen Gefallen: Laufen Sie nicht wegen jeder Kleinigkeit zur »Chemischen Reinigung«. Erstens arbeiten Reinigungen noch immer mit chemischen »Hämmern«, die in der Vergangenheit oft dazu geführt haben, daß ehemalige Standorte von Großreinigungen für andere Betriebe entweder überhaupt nicht oder nur nach kostspieliger Entsorgung wieder zu verwenden waren. Zweitens fragt man sich oft, wieso ein derart massiver chemischer »Krieg« gegen den Schmutz so wenig Folgen zeitigen kann und wieso man Flecken nicht selten im Originalzustand zurückerhält. Das liegt zum Teil daran, daß diese Fachleute ja gar nicht wissen (im Unterschied zu Ihnen), wo die Verschmutzung herrührt und wie sie in den Stoff geraten ist. Darüber sollte man sich generell bei jeder Schmutzbehandlung Klarheit verschaffen, denn oft kann es ein grober Fehler sein, die verschmutzten Stücke einfach zu waschen und sich zu denken, der Rest werde sich danach schon wieder entfernen lassen. Das Gegenteil ist der Fall: Die Verschmutzungen können so gewissermaßen versiegelt werden und keiner weiteren Behandlung mehr zugänglich sein. Mehr darüber im »Fleckenratgeber«.

Batist BATIST WASCHEN. Batist sollte man von Hand in einer kräftigen Schmierseifenlauge waschen. Danach die Seifenlauge in klarem Wasser ausspülen (nicht wringen). Anschließend sollte das Kleidungsstück gestärkt und an einem luftigen Ort naß aufgehängt werden. Nach dem Trocknen mit einem Bügeleisen auf niedriger Stufe bügeln.

VERBLASSTE, BLAUE JEANS oder andere blaue Kleidungsstücke aus Baumwolle können mit Waschblau im letzten Spülwasser wieder aufgefrischt werden.

VERBLASSTE, KHAKIFARBENE BAUMWOLLKLEIDUNG erhält mit Ocker im letzten Spülwasser wieder eine intensive Farbe.

VERBLASSTE, BUNTE BAUMWOLLSTOFFE legt man einige Stunden in Magermilch und spült sie gründlich mit klarem, lauwarmem Wasser aus, wodurch die Farben wieder Leuchtkraft erhalten.

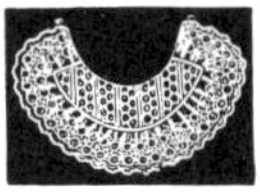

VERBLASSTE, ROTE BAUMWOLLKLEIDUNG frischt man mit etwas Zinnoberrot im letzten Spülwasser auf.

BAUMWOLLJACKEN UND -MÄNTEL IMPRÄGNIEREN. Tauchen Sie das Kleidungsstück in 1:10 verdünnte essigsaure Tonerde. Anschließend sollte es, ohne ausgewrungen zu werden, zum Trocknen aufgehängt werden.

HÄKELARBEITEN AUS BAUMWOLLE können Sie wie Baumwolle oder Leinen waschen. Sie sollten sie allerdings zum Trocknen mit kleinen Zinnägeln auf eine Unterlage spannen, damit sie nicht einlaufen.

Bügelfreie Textilien

Bügelfreie Textilien sollte man nicht mit chlorhaltigen Mitteln waschen oder bleichen.

Färben

Nicht jede Farbe läßt sich in eine andere umfärben. Je heller eine Farbe ist, desto leichter kann man sie auch nach seinen eigenen Vorstellungen verändern. Der neue Farbton sollte immer dunkler und kräftiger sein als die ursprüngliche Farbe.

Hier folgen einige Beispiele:

Weiss kann jede gewünschte Farbe annehmen.

Gelb kann man orange, rot, grün und schwarzbraun färben.

Violett läßt sich in Dunkelgrau und Dunkelbraun verändern.

Blau eignet sich zum Umfärben in Violett, Schwarz und Dunkelbraun.

Braun kann man nur schwarz färben.

Grün läßt sich nur dunkelgrau, braun und schwarz färben.

Grau eignet sich zum Umfärben in Marineblau, Dunkelrot, Braun, Dunkelgrün und Schwarz.

Farbige Wäsche

Prüfen Sie die Farbechtheit, indem Sie das Kleidungsstück oder den Stoff in einer starken Seifenlauge waschen und anschließend auf einem weißen Tuch ausdrücken. Bleiben keine Farbspuren auf dem Tuch zurück, dann ist dies der Beweis für Farbechtheit.

Farbige Wäsche sollte man zum Trocknen nur im Schatten aufhängen, da Sonnenlicht die Farben ausbleicht.

Federn

VERSCHMUTZTE SCHMUCKFEDERN, z. B. Marabu-Federn, können Sie in einer dünnen, lauwarmen Seifenlauge waschen. Fahren Sie dabei die einzelnen Stränge der Fahne vorsichtig mit der Hand nach. Anschließend in klarem, lauwarmem Wasser spülen und mit Tüchern die Feuchtigkeit aufsaugen. Zum Trocknen sollten die Federn dann aufgehängt werden; anschließend mit Reismehl bestreuen, damit sie locker und geschmeidig werden. Gehen Sie mit Straußenfedern besonders vorsichtig um, denn sie verlieren schnell ihre typische Krause.

GEKNICKTE FEDERN kann man wieder richten, indem man sie kurz in kochendheißes Wasser taucht und mit kaltem Wasser nachspült.

Filz

NASSE FILZHÜTE sollte man wieder in ihre ursprüngliche Form bringen, ehe man sie trocknen läßt.

Mit einem feuchten Tuch und verdünntem Salmiakgeist oder Terpentin können Sie Filz wieder auffrischen und ihm zu neuem Glanz verhelfen.

Flanell WOLLFLANELL sollte man grundsätzlich sehr vorsichtig behandeln, in gar keinem Fall jedoch mit heißem Wasser waschen, da er sonst hart wird. Baumwollflanell hingegen läßt sich problemlos pflegen.

Kapok KAPOK wird häufig zur Füllung von Matratzen und (Polster) Kissen verwendet. Man sollte Kissen mit Kapokflocken niemals ausklopfen, sondern ausschließlich aufschütteln und abbürsten. Manche Menschen reagieren allergisch auf Kapok und bekommen Kopfschmerzen, weshalb Kapokfüllungen für Allergiker nicht geeignet sind.

Die Kapokfasern nutzen sich im Laufe der Zeit ab, so daß die Matratze deutlich härter wird.

Kapokflocken stammen von den Früchten des tropischen Kapokbaumes. Während seiner Blütezeit sind die Straßen der Anbaugebiete völlig mit Kapokfasern bedeckt, so als hätte jemand Hunderte von Matratzen ausgeschüttelt.

Lamé GOLD-, SILBER- ODER BRONZELAMÉ verfärbt sehr schnell durch Licht und Feuchtigkeit. Deshalb sollten Sie Kleidungsstücke aus oder mit Lamé in einem lichtundurchlässigen Kleidersack in einem trockenen Schrank aufbewahren.

VERSCHMUTZTES LAMÉ läßt man am besten chemisch reinigen. Sie können aber auch in einer Badewanne ein paar Pfund Soda

Lamé

in Wasser lösen und das Kleidungsstück darin einige Stunden einweichen. Anschließend gründlich mit klarem Wasser nachspülen, vollständig abtropfen lassen, zwischen dicke Flanelltücher legen und den Stoff von links mit einem lauwarmen Bügeleisen trockenbügeln.

Leinen

MACHEN SIE DEN LEINENTEST. Drehen Sie mit beiden Händen einen Faden zwischen Daumen und Zeigefinger gegeneinander, bis die Faser unter der Spannung reißt. Ein Leinenfaden weist an der Stelle nur wenige Reißfädchen auf, während ein Baumwollfaden sehr faserig reißt.

Wenn man ein Leinentuch gegen das Licht hält, sieht man, daß die Fäden dieses Gewebes sehr unregelmäßig gespannt sind; Baumwollstoff weist dagegen eine sehr viel regelmäßigere Struktur auf.

LEINEN IMPRÄGNIEREN. Lösen Sie 2 Teile Seife, 2 Teile Gelatine, 3 Teile Alaun in 80 Teilen Wasser auf. Dann legen Sie den Stoff einige Zeit in diese Lösung und hängen ihn naß auf. Eventuell mehrmals wiederholen.

LEINEN BLEICHEN. Das Leinengewebe einige Stunden in einer Sodalösung aus 10 Teilen Wasser und einem Teil Soda kochen.

Leinen Anschließend waschen, nachspülen und (falls möglich) zum Trocknen draußen aufhängen oder auf Gras in die Sonne legen.

Mit dieser Methode wird das Leinengewebe leicht gebleicht, was in den meisten Fällen bereits ausreicht. Möchten Sie eine starke Bleiche erzielen, muß die Prozedur noch ein- oder zweimal wiederholt werden.

Manschettenknöpfe GEBEN SIE AUF GESTÄRKTE KNOPFLÖCHER EINIGE TROPFEN WASSER. Manschettenknöpfe und andere Knöpfe lassen sich dann viel leichter durch die Öffnung schieben.

Moiré FALLS SIE MOIRÉ WASCHEN WOLLEN, sollten Sie wissen, daß die besonderen matten Streifen auf dem Seidengewebe dabei verloren gehen und ganz normale Seide übrigbleibt.

Organdy ORGANDY ist ein hauchdünner Baumwollstoff (Glasbatist), den man gestärkt kaufen und für Blusen, Kleider usw. verwenden kann.

Man sollte ihn vorsichtig mit der Hand waschen (nicht in der Maschine); nehmen Sie dazu eine lauwarme Schmierseifenlauge.

Anschließend sollte das Gewebe gebügelt und nach einigen Wäschen erneut gestärkt werden.

Pelz NASSGEREGNETE PELZMÄNTEL ODER -JACKEN sollte man nie zu schnell (an einem Ofen oder nahe der Heizung) trocknen. Statt dessen kann der Pelz mit einem Fön getrocknet werden. Anschließend gut ausklopfen und mit einem groben Kamm kämmen.

PELZMÄNTEL REINIGEN. Pelzmäntel lassen sich auch mit Kleie oder Haferflocken gut reinigen. Reiben Sie den Mantel damit ab, und bürsten Sie die Kleie nach einer Stunde wieder aus. Anschließend vorsichtig abklopfen und eventuell kämmen. **Pelz**

PIKEESTOFFE sollte man immer nur von links bügeln. **Pikeestoffe**

PLÜSCHMÖBEL REINIGEN. Legen Sie feuchte Tücher auf die Möbel, und klopfen Sie die Bezüge vorsichtig ab, so bleibt der Staub in den feuchten Tüchern hängen und wirbelt nicht im Zimmer herum. Wiederholen Sie den Vorgang mehrmals. **Plüsch**

Sie können Plüschstoff auch mit einem Wolltuch und gekochtem Sud aus geraspeltem Sauerkraut abreiben; auf diese Weise erhalten die Farben wieder einen lebendigen Glanz.

Möbelbezüge aus Plüsch lassen sich auch mit einer Lösung aus einem Teil Regenwasser und 2 Teilen Spiritus farblich wieder auffrischen.

Plüsch

Weissen Plüsch kann man mit trockenem Knochenmehl reinigen. Reiben Sie das Mehl in das Gewebe, und lassen Sie es an einem trockenen Ort einige Stunden einwirken. Klopfen und bürsten Sie es anschließend aus. Mit Waschbenzin nachbehandeln.

Flachgedrückte Stellen in Plüsch lassen sich wieder aufrichten, indem man das Gewebe mit einem feuchten Flanell- oder einem dünnen Wolltuch bedeckt und mit einem heißen Bügeleisen vorsichtig darüberfährt. Nach jedem Bügelstrich sollten Sie das Tuch entfernen und den dampfenden Stoff mit einer weichhaarigen Bürste kräftig gegen die Faserrichtung bürsten.

Samt

Nassen Samt aufrichten. Reiben Sie die entsprechende Stelle mit einem Flanelltuch und hochprozentigem Alkohol ab, und halten Sie den Stoff danach über heißen Wasserdampf. Nun wird der Samtstoff auf ein Wolltuch gelegt und mit einer weichen und sauberen Bürste bearbeitet. Lassen Sie ihn anschließend trocknen, und richten Sie die Härchen mit der Bürste wieder auf.

Flachgedrückten Samt aufrichten. Umwickeln Sie dazu ein warmes (nicht heißes) Bügeleisen mit einem feuchten Leinentuch, und gleiten Sie damit ohne Druck über den Samtstoff. Wenn Sie ein Dampfbügeleisen besitzen, halten Sie es in etwa 8 cm Abstand über den Stoff, und bewegen Sie es hin und her.

Satin

FLECKEN AUF SCHWARZEM SATIN entfernt man mit Waschbenzin. Anschließend wäscht man den Stoff in Buttermilch (eine altbewährte Methode) oder in Wasser mit einem Schuß Essig. Auch mit einem in Bier getränkten Schwämmchen kann Satin gereinigt werden. In jedem Fall gründlich mit klarem Wasser nachspülen.

SATIN WIRD FESTER, wenn Sie ihn auf der Rückseite mit einem spiritusgetränkten Schwamm anfeuchten und dann von rechts lauwarm bügeln.

SATINSCHUHE REINIGEN Sie am besten mit einem in Weingeist getauchten Wattebausch. Tupfen Sie damit die Schuhe ab, und reiben Sie sie anschließend mit Watte trocken. Für farbige Satinschuhe verwenden Sie Spiritus, den Sie zuvor im Wasserbad leicht erwärmen.

Seide

SEIDE ERHÄLT IHREN GLANZ ZURÜCK, wenn man sie mit einem weißen Blatt Papier bedeckt und anschließend mit einem warmen Bügeleisen bügelt.

Velours

Reinigen Sie Velours wie Plüsch mit gekochtem und gesiebtem Sauerkrautsud, der mit einem Wolltuch aufgetragen wird.

Vergilbte Wäsche

Vergilbte Wäsche sollten Sie einen halben Tag in Vollmilch bleichen lassen. Man kann auch etwas Borax ins Waschwasser geben.

Waschmittel

Schmierseife selbst herstellen. Viele Stoffe kann man mit einer einfachen Schmierseifenlauge reinigen. Hier zwei Rezepte zur Herstellung von Schmierseife:

Kochen Sie unter ständigem Rühren 1 kg kleingeschnittene, feste Seife und 500 g Soda in 7 1/2 l Wasser.

Eine Schmierseife besonderer Qualität erhalten Sie, wenn Sie 1 kg Talg, 200 g Natron und 2 l Wasser verrühren und erwärmen.

Soda als Waschmittel. Wenn Sie Gardinen einige Stunden in einer starken Sodalösung (1 Pfund Soda auf 10 l Wasser) einweichen, werden sie wieder sauber. Mit viel klarem Wasser nachspülen.

Gallseife selbst herstellen. Gallseife erhält man zwar in der Apotheke, doch man kann sie auch nach Großmutters Rezepten selbst herstellen: Erwärmen Sie im Wasserbad 2 Teile Wollfett, 12 Teile frische Ochsengalle, 20 Teile Kaliseife und 66 Teile medizinische Seife im Wasserbad. Rühren Sie die Masse gut durch, bis sich die einzelnen Bestandteile vermischt haben. Dann pressen Sie die Seife in die gewünschte Form.

Waschmittel

Hier ein weiteres althergebrachtes Rezept: Lösen Sie im Wasserbad 1 kg Kernseife in ein wenig Wasser, und geben Sie unter ständigem Rühren 340 g Ochsengalle dazu. Wenn ein einzelner Tropfen dieser Mixtur auf einer kalten Fläche (z. B. der Spüle) erstarrt, dann fügen Sie noch 5 g Honig, 10 g Zucker, 5 g Terpentin und 12 g Salmiakgeist hinzu. Anschließend können Sie die fertige Gallseife in die gewünschte Form pressen.

Wolle

FLACHGEDRÜCKTE WOLLE, z. B. bei Berberteppichen, bürstet man ab und hängt sie 24 Stunden an einem feuchten Ort auf, beispielsweise bei Regenwetter an einem überdachten Teil des Gartens oder des Balkons. Anschließend die flachen Stellen mit einer Bürste kräftig bearbeiten. Auch Wollkleidung können Sie mit dieser Behandlung aufrauhen.

GERUCH AUS WOLLKLEIDUNG ENTFERNEN. Lassen Sie die Kleidung einige Stunden an der frischen Luft hängen, und reiben Sie sie dann mit einem Flanelltuch und einer Lösung aus 2 Teilen Wasser und einem Teil Salmiakgeist ab.

SO GLÄNZT IHRE WOLLKLEIDUNG. Wenn man dunkelfarbige Wolle mit einem Aufguß von 50 g Pfeifentabak auf 2 1/2 l Wasser abbürstet, erhält sie einen schönen Glanz.

GLANZ ENTFERNEN SIE, indem Sie die Wolle mit einer Mischung aus einem Teil Salmiakgeist und 10 Teilen Wasser anfeuchten.

Ein anderes Mittel besteht aus 25 g Salz, 25 g Salmiakgeist und 250 g Wasser. Mit einer Bürste und warmem Wasser nachbürsten.

Wolle läuft nicht ein, wenn man die Wollknäuel oder -stränge vor dem Stricken in einen Topf mit kochendheißem Wasser legt. Darin sollte die Wolle liegenbleiben, bis das Wasser vollständig abgekühlt ist. Die Wollfäden anschließend auf ein Küchenbrett aufspannen, trocknen und wieder zu einem Knäuel aufwickeln. Die mit dieser Wolle gestrickten Kleidungsstücke werden später nicht einlaufen.

Wollstoffe laufen nicht ein, wenn man sie in einer lauwarmen Seifenlauge wäscht.

Aufgeribbelte Wollkleidung wickeln Sie gleichmäßig um ein Holzbrett, das Sie dann in lauwarmes Wasser legen. Wenn die Wolle genügend Wasser aufgenommen hat, läßt man sie auf dem Holzbrett an einem warmen Ort trocknen.

Wolle waschen. Wolle sollten Sie nicht in der Waschmaschine waschen und nicht einweichen. Sie sollten eine lauwarme, leichte Schmierseifenlauge verwenden, die Wolle in der Seifenlauge mehrmals ausdrücken, nicht reiben oder rubbeln, mit weichem Wasser und Essig ausspülen und dabei nicht wringen, sondern ausdrücken. Das Kleidungsstück in Form ziehen und auf einem dicken Frotteehandtuch trocknen lassen.

Bunte Wollhandschuhe waschen. Dazu verwenden Sie am besten eine lauwarme Lauge aus Wasser und Gallseife.

Farbechte Wollstoffe kann man in einer lauwarmen Lauge aus geraspelter Kernseife sauber kneten. Gründlich nachspülen.

Nicht farbechte Wollstoffe wäscht man am besten mit einer lauwarmen Lauge aus Gallseife. Waschen Sie die Kleidungsstücke jeweils separat, damit sie nicht verfärben. Mit kaltem Wasser und einem Schuß Essig nachspülen.

Kapitel 4

Von ungebetenen Gästen
Schädlingsbekämpfung

Schädlinge sind – ebenso wie auch Schmutz – eine Frage der Betrachtung. Womit ich meine, ein putzmunteres Feldmäuschen in der Natur zu beobachten ist ein Vergnügen – das Hausmäuschen in der Speisekammer hingegen fordert schon den toleranteren Tierfreund in uns. Ich kenne auch keinen Menschen, der zugeben würde, grundsätzlich etwas gegen Bienen oder Wespen zu haben – belagern sie jedoch das Frühstücksbrötchen, ist die Toleranzschwelle rasch überschritten.

Um Mißverständnissen von vornherein vorzubeugen: Es geht zwar im folgenden Kapitel in der Regel um die Bekämpfung oder das Fernhalten verschiedenster Schädlinge mit althergebrachten Tricks und Kniffen (und der Kammerjäger sollte immer nur Mittel letzter Wahl sein) – doch von dieser Regel gibt es Ausnahmen. So z. B. bei der Behandlung von Küchenschaben (fälschlicherweise auch als Kakerlaken bezeichnet). Hier steht man vor der Alternative: Entweder man lebt mit diesen ungebetenen »Gästen« (davon ist dringend abzuraten – die lieben Tierchen gefährden nämlich Ihre Gesundheit), oder man ruft, wenn auch die in diesem Kapitel aufgeführten Ratschläge zu keinem Erfolg führen, den Spezialisten. Der zieht meist mit hochgiftigen Substanzen gegen die Schädlinge zu Feld. Die negativen Begleiterscheinungen sind mithin aufwendige Reinigungsarbeiten und nicht selten eine deftige Rechnung. Doch wie gesagt, das ist die Ausnahme von der Regel, die allerdings, da sollte man sich nicht täuschen, auch so manche tückische Überraschung bereithält.

Zum Beispiel die oben bereits erwähnte Hausmaus: Sie tritt niemals als Einzelkämpfer auf, sondern ausschließlich in größeren Familienverbänden, die, wie es Mäuseart ist, zunächst im Verborgenen leben. Geht es ihnen gut, dann vermehren sie sich und begeben sich auf die Suche nach neuen Reservaten. So kann es dazu kommen, daß eine unbedarfte Jungmaus auf ihrem harmlosen Erkundungsgang den erstaunten Blick des Wohnungsbesitzers kreuzt. Wer nun glaubt, er sei von einer einzigen Maus heimgesucht, der irrt sich gewaltig: Er beherbergt vermutlich mehrere Familien. An Mäusen wäre gar nicht so viel auszusetzen, bedenklich sind nur ihre Exkremente, die in Verbindung mit Lebensmitteln vorzüglich dazu angetan sind, Krankheiten zu übertragen.

Ratten können ausgesprochen unangenehme Zeitgenossen sein, und ich rate zu äußerster Vorsicht, besonders wenn Kleinkinder zum Haushalt gehören. Ratten haben nämlich die üble Angewohnheit, in auswegloser Lage sehr angriffslustig zu sein. Also nochmals: Seien Sie vorsichtig!

Ameisen Obwohl Ameisen recht nützliche Insekten sind, gehören sie im Haus oder in der Wohnung eher zu den ungebetenen »Gästen«. Hier einige Ratschläge, wie Sie die kleinen Plagegeister daran hindern, Ihr Domizil heimzusuchen:

Nach einer altbewährten Methode geben Sie etwas Sirup oder Honig mit Hefe verrührt in ein Schälchen und stellen es für die Ameisen gut erreichbar in die betroffenen Räume. Die Ameisen werden davon fressen, ihre Brut damit füttern und an der Hefe zugrunde gehen. Mit einer Mixtur aus Borax und Sirup erzielen Sie das gleiche Ergebnis.

Sehr hilfreich gegen Ameisen ist auch die Marmeladenglasmethode: Füllen Sie ein Marmeladenglas zu einem Viertel mit Honig oder einem sirupartigen Zuckerwasser, und umhüllen Sie das gesamte Glas mit Packpapier, das Sie mit einem Gummi befestigen. Nun schneiden Sie in die Mitte über der Öffnung des Glases ein kleines Loch von ca. 1/2 cm Durchmesser. Die Ameisen klettern an dem griffigen Packpapier hoch, fallen durch das Loch, können aber nicht mehr zurück, da sie an dem glatten Glas keinen Halt finden.

Asseln Asseln halten sich gerne an feuchten und dunklen Orten auf: im Keller, unter Steinen oder Blättern. Stellen Sie eine kleine Schale mit alkoholischer Flüssigkeit oder mit gekochten Kartoffeln, die Sie mit Gemüseblättern bedecken, auf den Boden. Die Asseln werden in das Schälchen krabbeln und können anschließend mühelos von Ihnen entfernt werden.

Federlinge

Federlinge (Haarlinge) gehören zur Gattung der Tierläuse, die u. a. von Tauben übertragen werden können. Sollten sich auf Ihrem Balkon oder im Schuppen Tauben eingenistet haben, empfiehlt es sich, die Nistplätze mit einer starken Seifenlauge und Kresollösung zu reinigen und anschließend mit Maschendraht (Kükendraht) für Tauben unzugänglich zu machen.

Fliegen

Fliegen meiden Zimmer, in denen eine Rizinuspflanze (Christpalme) steht. Ebenso reagieren sie auf Ulmen oder Ulmenzweige. Ein Schälchen mit Lorbeeröl hält Fliegen ebenfalls fern.

Fliegen setzen sich nicht auf Wände, deren Farbanstrich nicht mit Wasser, sondern mit einer Alaunlösung angerührt wurde. Das gleiche gilt für Fenster und Spiegel, die mit einer Wasser-Zwiebellösung (kochendes Wasser über kleingeschnittene Zwiebeln gießen) abgewischt wurden. Darüber hinaus meiden Fliegen Räume, deren Wände blau gestrichen sind.

Ein erfolgreiches Mittel gegen Fliegen stellen Fliegenfänger dar, die Sie auch selbst herstellen können: 1. Schmelzen Sie ein Stück Harz, und verdünnen Sie es mit der halben Menge Salatöl und ein paar Tropfen Mastix. Bestreichen Sie damit eine leere Streichholzschachtel, oder tränken Sie damit ein kurzes Seilstück, und stellen oder hängen Sie die Fliegenfalle an einen strategisch günstigen Ort in Ihrer Wohnung. 2. Streichen Sie etwas Honig, mit flüssigem Süßstoff (Saccharin) verrührt, auf einen glatten Papierstreifen. Die Fliegen werden davon naschen und daran zugrunde gehen.

Flöhe

Der Stich eines Menschenflohs verursacht starken Juckreiz, der mit Salmiakgeist gelindert werden kann. Flöhe halten sich mit Vorliebe in Wolldecken auf. Halten Sie die befallene Wolldecke gegen eine starke Lichtquelle. Wenn Sie die Flöhe somit ausfindig gemacht haben, können Sie sie fangen und in einer einfachen Seifenlauge vernichten. Wenn Sie Flöhe bekämpfen und sich vor ihnen schützen wollen, ist äußerste Hygiene unumgänglich. Sie sollten gründlich staubsaugen, vor allem im Bett und um das Bett herum. Die Staubsaugerbeutel anschließend wegwerfen oder verbrennen. Linoleum und andere glatte Böden mit einer Lösung aus 1 kg Alaun auf einen Eimer Wasser wischen. In der Apotheke gibt es verschiedene Insektenpulver, die Ihnen im Kampf gegen die Flöhe helfen. Auch Ihre Kleidung, besonders vielgetragene Wollteile, sollten Sie gründlich untersuchen.

Stellen Sie im Schlafzimmer ein flaches Schälchen mit Seifenwasser und einer dünnen Schicht Öl auf den Boden. In die Mitte der Schale stellen Sie eine brennende Kerze, die die Flöhe dazu anregt, in das Schälchen zu springen. Im Öl sind sie dann völlig wehrlos, in der Seifenlauge werden sie ertrinken. Flöhe verabscheuen auch Krauseminzöl und den Saft von Salatgurken.

Tierflöhe sind aufgrund der Parasiten (z. B. Bandwürmer) und Bakterien, die sie übertragen, für Tier und Mensch gefährlich. Hund und Katze kann man von Flöhen befreien, wenn man sie beherzt einige Zeit in ein warmes Bad mit Seifenwasser steckt (ca. 37° C). Die meisten Flöhe werden nach dieser Behandlung leicht zu entfernen sein. Trocknen Sie das Haustier gut ab, und bürsten Sie sein Fell gründlich aus. Das Bad sollte gegen hartnäckige Fälle und bereits abgelegte Eier mehrmals wiederholt werden.

Katzen sollten regelmäßig mit einem Staubkamm ausgekämmt werden, den man in Seifenwasser taucht.

Holzwürmer

Holzwürmer in Möbeln lassen sich nur schwer bekämpfen; eine einmalige Behandlung wird in den seltensten Fällen zum gewünschten Erfolg führen.

Versuchen Sie es mit folgendem Rezept: Verrühren Sie einfach gelbe Möbelpolitur zu gleichen Teilen mit Pfeffer oder Cayennepfeffer. Verdünnen Sie diese Paste mit Terpentin, bis eine dünne Flüssigkeit entsteht, mit der Sie die Wurmlöcher in Ihren befallenen Möbeln einmal in der Woche mit einem Pinsel betupfen.

Eine weitere erfolgversprechende Methode besteht darin, die Holzwurmlöcher mit Petroleum zu tränken und sie anschließend mit Wachs zu schließen.

Ein sehr altes Hausmittel empfiehlt, frische, geschälte Eicheln an den betroffenen Möbeln zu befestigen. Schon nach einem Tag müssen die Eicheln ausgewechselt werden, da Holzwürmer offensichtlich Eicheln dem Möbelholz vorziehen.

Hund

Sollte ein Hund Ihre Hauswand als Toilette mißbrauchen, bestreuen Sie die betreffende Stelle mit Pfeffer oder Schwefelpulver. Sollte dies nicht zum gewünschten Erfolg führen, bestreichen Sie die Lieblingsecken des Vierbeiners mit Kresollösung.

Käfer

Gegen Käfer können Sie sich, wie gegen Schnecken, mit »Bierfallen« zur Wehr setzen. Graben Sie nahe der Türschwelle ein mit gezuckertem Bier gefülltes kleines Gefäß ein, so daß der Rand

Käfer

mit dem Boden abschließt. Im Haus funktioniert diese Methode nur, wenn Sie mit Hilfe von Kartonstreifen Zugangswege zum Gefäß legen. Zusätzlich empfiehlt es sich, die Zugänge zum Haus mit verdünntem Salmiakgeist zu besprühen.

Küchenschaben (Kakerlaken)

Küchenschaben findet man besonders in warmen Häusern, auf Schiffen oder in Kellern. Sie verbreiten einen unangenehmen Geruch und sind Überträger von Krankheitserregern auf Nahrungsmittel. Man erkennt sie an ihren langen Fühlern, dem beißenden Mundwerkzeug, dem weichen, glatten Körper und an ihren zurückgebildeten Flügeln.

Mit dem Geruch von Salzheringen können Sie Küchenschaben vertreiben. Legen Sie deshalb in dem betroffenen Raum an verschiedenen Stellen Salzheringe aus.

Eine kleine Schüssel mit gekochten Kartoffeln, die man mit Gras bedeckt und an eine Wand stellt, leistet ebenfalls gute Dienste. Die Küchenschaben krabbeln in die Schüssel und können anschließend leicht beseitigt werden. Hilfreich ist auch eine Mischung aus Borax und Puderzucker, die Sie mehrere Nächte an markanten Stellen ausstreuen.

Maulwürfe

Diese Tiere sind begeisterte Insektenfresser und daher eigentlich recht nützlich. Dennoch können sie zur Plage werden, vor allem, wenn sie im Garten oder auf dem Acker in großer Zahl vorkommen. Um sie zu vertreiben, stecken Sie einen mit Petroleum oder Terpentin getränkten Knäuel Putzwolle in die Maulwurfhöhlen und -löcher und dichten diese danach ab. Diese Behandlung sollten Sie einige Male wiederholen. Wahrscheinlich werden die Tiere dann Ihren Nachbarn ärgern.

Mäuse

Eine wirksame Alternative zum Einsatz von Mausefallen stellen Mottenkugeln oder Schälchen mit flüssigem Naphthalin dar, die Sie vor die Mäuselöcher stellen. Auch vor terpentingetränkten Stoffknäueln, mit denen Sie die Mäuselöcher abdichten, nehmen die kleinen Nager Reißaus, ebenso wie vor dem Geruch, der von Pfefferminzpflänzchen und wilder Kamille ausgeht.

Wenn Sie die Mäuse aus Ihrem Haus vertrieben haben, sollten Sie alle Löcher, Ritzen und Fugen in Wänden und Böden sorgfältig abdichten.

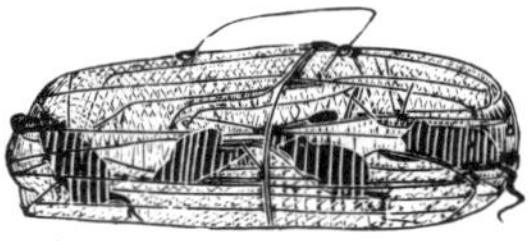

Motten

Motten verabscheuen den Geruch von Terpentin, auch wenn dieser kaum wahrnehmbar ist. Geben Sie also einen Schuß Terpentin in das letzte Spülwasser der Wäsche, die im Schrank überwintern soll, oder stellen Sie ein Schälchen mit Terpentin in den Kleiderschrank.

Zwischen die Wäsche gelegtes Mottenpapier hilft ebenfalls sehr gut; und schließlich gibt es immer noch die guten alten Mottenkugeln (Naphthalin), die man in den Schrank legt oder hängt.

Motten machen übrigens einen weiten Bogen um Lavendelgeruch. Ein Säckchen mit Lavendelblüten – zwischen die Wäschestapel gelegt – wirkt vorbeugend und verleiht zudem Ihren Wäschestücken einen angenehmen Duft.

Mücken

Mückenstiche verursachen nicht nur einen unangenehmen Juckreiz, bei manchen Menschen lösen sie sogar allergische

Mücken Reaktionen aus, die bedrohliche Formen annehmen können. Mit den im Handel erhältlichen Insektensprays lassen sich Mücken zwar erfolgreich bekämpfen, doch nachweislich können sie sich, von wenigen Ausnahmen abgesehen, nachteilig auf unsere Gesundheit und Umwelt auswirken. Deshalb empfiehlt es sich, auf folgende Hausmittel zurückzugreifen:

Achten Sie im Sommer tagsüber darauf, immer einander gegenüberliegende Fenster zu öffnen – Mücken verabscheuen Durchzug. Zur Vorbeugung sollte man abends allerdings die Fenster schließen, wenn man das Licht einschaltet, es sei denn, Sie haben passende Fliegenfenster und -türen angebracht.

Sollte sich in einem Raum gar ein ganzer Mückenschwarm aufhalten, dann richten Sie einen starken Lichtstrahl gegen eine Wand; die Mücken werden sich dort versammeln, und Sie können sie ohne Aufwand mit einem Staubsauger entfernen.

Einer einzelnen Mücke können Sie mit einem Schälchen Petroleum zu Leibe rücken. Halten Sie das Petroleum unter die an der Wand sitzende Mücke, und sie wird »betäubt« herunterfallen.

Den Duft von Rizinuspflanzen und Walnußbäumen lieben Mücken ebensowenig wie den Geruch von Kampfer (auf einem heißen Bügeleisen einige Tropfen verdampfen lassen).

Aus einem Teil Kölnisch Wasser und 4 Teilen Nelkenöl läßt sich ein gutes Antimückenöl herstellen. Tragen Sie das Öl vor dem Schlafengehen auf die bloßen Körperteile auf, und Sie sichern sich damit Ihre wohlverdiente Nachtruhe.

Ohrwürmer Ohrwürmer sehen zwar mit ihren scherenähnlichen Beißzangen sehr gefährlich aus, sie sind es aber nicht, am wenigsten für das menschliche Ohr. Sie verdanken ihren Namen wahrscheinlich dem Bedürfnis, sich in dunklen Ritzen, Fugen und kleinen

Ohrwürmer

Hohlräumen zu verkriechen. Diese Eigenart können Sie sich zunutze machen, wenn Sie die Insekten aus Haus und Garten entfernen wollen. Legen Sie über Nacht in den entsprechenden Räumen etwas Holzwolle in eine Zeitung oder unter eine Tasse, die mit einem kleinen Gegenstand angehoben werden muß.

Im Garten können Sie einen kleinen Blumentopf über ein kurzes Stöckchen stülpen und mit Grashalmen füllen. Am nächsten Morgen werden Sie sehen, wie wohl sich die Ohrwürmer in den aufgestellten Fallen fühlen – alles Weitere liegt dann bei Ihnen.

Ratten

Ratten verabscheuen den Geruch von Petroleum und können mit den gleichen Methoden bekämpft werden wie Maulwürfe. Darüber hinaus ist Ratten der Geruch der »Gemeinen Hundszunge« zuwider. Da Ratten jedoch, insbesondere wenn sie in größerer Zahl auftauchen, zu einer gefährlichen Plage werden, sollten Sie in jedem Fall einen Kammerjäger zu Hilfe rufen.

Regenwürmer

Regenwürmer sind sehr nützliche Gartenbewohner. Sollten sie jedoch überhandnehmen, streuen Sie etwas Holzasche auf den Gartenboden. In Blumentöpfe sollten Sie eine Schicht Kaminruß und Scheuersand streuen, bevor Sie die Blumenerde einfüllen.

Schnecken

Schnecken können im Garten zur Plage werden, der man mit »Bierfallen« wirksam begegnen kann. Füllen Sie ein kleines Gefäß mit Bier, und graben Sie es so ein, daß der Rand mit dem Boden abschließt.

Schnecken Legen Sie abends an die von den Schnecken bevorzugten Stellen Rhabarberblätter oder feuchtes Zeitungspapier aus. Die Schnecken werden sich hier über Nacht sammeln, und Sie können sie am nächsten Morgen mühelos aus Ihrem Garten entfernen.

Ihr Blumenbeet können Sie auch mit einem Schneckenzaun schützen, der aus gebogenem Kunststoff oder rostfreiem Metall besteht.

Wenn Sie sich in Ihrem Garten einen Igel halten, entledigen Sie sich auf die natürlichste Art nicht nur der Schnecken, sondern auch vieler anderer Schädlinge.

Spatzen Wenn Sie verhindern wollen, daß sich Spatzen über den frisch gesäten Rasen oder die Blumensaat in Ihren Beeten hermachen, sollten Sie die Saat mit dunklen, kreuz und quer gespannten Drähten schützen.

Sie erhöhen die Wirkung, wenn Sie Aluminiumstreifen an den verspannten Drähten befestigen, so daß beim kleinsten Windhauch ein für Spatzen abschreckendes Glitzern einsetzt.

Wanzen Vereinzelt auftretende Wanzen können Sie vertreiben, indem Sie Salbeiblätter oder Wermutkräuter in Ihrer Wohnung auslegen und betroffene Möbel mit einer Naphthalinlösung behandeln.

Wanzen

Sollten Sie jedoch von einer regelrechten Wanzenplage heimgesucht werden, dann empfiehlt sich in jedem Fall die fachgerechte Bekämpfung durch einen Kammerjäger.

Wespen

Füllen Sie ein Marmeladenglas zu einem Viertel mit Sirup. Anschließend verschließen Sie das Glas mit Packpapier (anstelle des Deckels), schneiden ein Loch von der Größe eines Markstücks hinein und schlagen die Ränder nach innen (siehe »Ameisen«).

Wespen und Bienen meiden Zimmer, in denen Sie Schälchen mit Salmiakgeist aufgestellt haben. Wespen, die den Weg nach draußen nicht finden und immer wieder gegen die Fensterscheiben fliegen, können Sie mit einer halbgeöffneten Streichholzschachtel fangen, die Sie über die Wespe stülpen und dann schließen.

Übrigens: Wespen stechen nur dann, wenn sie sich bedroht fühlen. Schlagen Sie deshalb nicht nach ihnen.

Kapitel 5

Kleiner Fleck und grosse Wirkung
Omas Fleckenratgeber

Für ein gepflegtes Äußeres lassen sich viele gute Gründe ins Feld führen, gerade im Bereich der Garderobe. Denn nicht zuletzt ist gesellschaftlicher (Miß-)Erfolg in hohem Maße auch von dem äußeren Eindruck abhängig, den man hinterläßt. Allerdings haben die wenigsten von uns einen Butler oder gar einen Schutzengel, der uns vor Flecken und deren Wirkung bewahrt. Da wir also wie immer selbst gefragt sind, haben wir Großmutters Hausmittel gesammelt und zu Rate gezogen.

Flecken haben die unangenehme Eigenschaft, daß sie meist an Stellen sitzen, wo man sie einfach nicht verleugnen kann. Und wie so oft im Leben gilt auch hier: kleine Ursache – große Wirkung! Wie viele Abende mir durch »fachmännisch« um die Gabel gedrehte Spaghetti mit nachfolgenden, langwierigen Reibereien auf der Hemdbrust verdorben wurden, kann ich schon gar nicht mehr nachhalten. Wie viele Schals, Krawatten, Seidenblusen, Jackettaufschläge o. ä. bereits Opfer heimtückisch explodierender Milchdöschen waren – das würde ich gern einmal den Herstellern dieser verzuckerten Milchbömbchen vorrechnen. Flecken sind also offensichtlich eine unvermeidliche Begleiterscheinung des zivilisierten Lebens, und daher gehört ihnen auf ebenso zivilisierte Weise der Kampf angesagt.

Da Flecken meist unverhofft entstehen und außerdem in Situationen, in denen man nicht die Muße hat, erst unseren Ratgeber heranzuziehen, um sodann unter Zuhilfenahme vorbereiteter Mittel die entsprechenden Schritte einzuleiten, rate ich dringend, dieses Kapitel einfach einmal durchzulesen. Das Wissen um das Wesen des Flecks und seine Bekämpfung erspart Ihnen viel Arbeit. Wenn Sie sich zum Beispiel stets daran erinnern, daß man einen Fleck niemals wegreiben, sondern nur tupfend entfernen soll, bleibt Ihnen manche Enttäuschung erspart. Daher haben wir an den Beginn des Kapitels »Allgemeine Hinweise« gestellt, bevor im folgenden die einzelnen Fleckarten gesondert behandelt werden.

Allgemeine Hinweise

Entfernen Sie als erstes immer den groben Schmutz. Verwenden Sie dazu ein stumpfes Messer oder einen kleinen Spachtel.

Denken Sie immer daran, daß auch Wasser (lauwarm, warm, heiß) ein gutes Reinigungsmittel ist. Hartes, kalkreiches Wasser pflegt wegen seiner Kalzium- und Magnesiumanteile auf Stoffen weiße Ränder zu hinterlassen. Daher können Seife und hartes Wasser zusammen mehr schaden als nutzen. Hartes Wasser läßt sich allerdings mit Soda enthärten. Sehr gut eignet sich auch abgekochtes Wasser zum Entfernen von Flecken.

Verzichten Sie auf phosphathaltige Seifen, und verwenden Sie statt dessen eine weiche, grüne Seife.

Ein Fleck sollte immer so schnell wie möglich nach dem Entstehen entfernt werden, denn je älter er ist, um so schwieriger läßt er sich beseitigen.

Behandeln Sie einen einfachen, harmlosen Fleck nicht gleich mit einem starken Reinigungsmittel, sondern benutzen Sie erst einmal ein weniger aggressives Mittel, und versuchen Sie, mit möglichst geringen Mengen Reinigungsmittel den Fleck zu entfernen. Sollten Sie damit keinen Erfolg haben, lassen Sie das angewandte Mittel erst vollständig seine Wirkung verlieren, bevor Sie zu einem stärkeren greifen.

Bei Kleidungsstücken sollten Sie stets einen Probeversuch an einer unsichtbaren Stelle (z. B. am Saum) vorab unternehmen.

Hier ein Angebot von sanften bis hin zu kräftigen Fleckenbekämpfungsmitteln: 1. kaltes, warmes und heißes Wasser 2. kalte, warme und heiße Seifenlauge 3. warme Seifenlauge mit einem Schuß Salmiak 4. ungesalzenes Kochwasser von weißen Bohnen 5. heller Essig 6. Kristalle der Zitronensäure oder Zitronensaft als Bleichmittel 7. Salmiakgeist 8. eine Lösung aus Salmiakspiritus, Weingeist und etwas Salz 9. 3%iges Wasserstoffsuperoxyd als Bleichmittel 10. Alkohol 11. Aceton 12. Waschbenzin 13. Terpentin und Terpentinersatz.

Wollstoffe lassen sich besonders gut mit in kochendem Wasser aufgelöstem Borax reinigen.

Es empfiehlt sich generell, einen Fleck nicht wegzureiben, sondern mit einem Tuch und Reinigungsmittel abzutupfen.

Wenn Sie den Fleck mit einem Fleckenmittel betupfen, schieben Sie die Gewebefasern etwas auseinander. So läßt sich der Fleck leichter entfernen.

Sie sollten mit brennbaren Fleckenentfernern, wie z. B. Benzin, ausschließlich draußen auf dem Balkon oder am geöffneten Fenster arbeiten.

Es kann vorkommen, daß einige Flecken trotz hervorragender Reinigungsmittel nicht verschwinden wollen. Das liegt meist an der Hartnäckigkeit bestimmter Farbstoffe. In diesen Fällen ist es möglich, den Fleck mit Hilfe von 3%igem Wasserstoffsuperoxyd (niemals konzentriert), Zitronensäure (die Zitronensäurekristalle in heißem Wasser lösen), Zitronensaft oder hellem Essig zu bleichen. Allerdings muß sichergestellt sein, daß der Stoff diese Behandlung verträgt. Bei bunten Textilien ist besondere Vorsicht angebracht.

Zum Auftragen des Fleckenmittels verwenden Sie am besten ein farbechtes oder weißes Tuch, das von gleicher Stoffqualität ist wie die verschmutzten Textilien.

Legen Sie zur Fleckenbehandlung ein Stück Frottee (z. B. ein altes Handtuch) oder einige Lagen Küchenpapier unter den Fleck. Anschließend kann der Stoff mit der behandelten Stelle über einer Schüssel oder einer kleinen Wanne nachgespült werden.

Wenn Sie den Fleck entfernt haben, empfiehlt es sich, die behandelte Stelle mit einem sauberen, trockenen Tuch vorsichtig abzureiben, denn dadurch lassen sich unansehnliche Ränder vermeiden.

In vielen Fällen sollten Sie den behandelten Stoff nach dem Entfernen des Flecks mit einer Seifenlauge waschen (falls der Stoff gewaschen werden darf), dann trocknen und bügeln.

Wenn Sie buntes Gewebe mit Seifenlauge behandeln wollen, sollten Sie einen Schuß Essig dazugeben, damit die Farben nicht auslaufen.

Trocknen Sie den feuchten Stoff zunächst zwischen zwei Frotteetüchern, und bügeln Sie ihn anschließend mit einem warmen Bügeleisen (nicht bei Synthetikstoffen).

Bewahren Sie alle Reinigungsmittel außer Reichweite von Kindern und möglichst auch nicht in der Küche auf. Achten Sie darauf, daß alle Flaschen sorgfältig verschlossen sind.

Anilin-farben FARBFLECKEN von Anilinfarben lassen sich mit reinem, 40%igem Alkohol entfernen. Häufig muß mit Wasserstoffsuperoxyd nachgebleicht werden.

Beeren BEERENFLECKEN lassen sich, wenn sie noch frisch sind, mit heißem Wasser wegspülen. Ist es dafür bereits zu spät, verwenden Sie eine kräftige Seifenlauge, in die Sie etwas Soda geben, um das Wasser zu enthärten. Ist der Fleck dann immer noch nicht verschwunden, kann man mit Alkohol oder Salmiakgeist eine weitere Behandlung probieren. Danach mit 3%igem Wasserstoffsuperoxyd nachbleichen.

Blaubeer- und Heidelbeerflecken lassen sich mit saurer Milch entfernen. Anschließend mit warmem Wasser auswaschen.

Beize BEIZEFLECKEN. Diese Flecken können mit einem Leinentuch, Wasser und einem Schuß Salmiakgeist oder Terpentin entfernt werden. Falls nötig und möglich, mit Wasserstoffsuperoxyd oder einer Lösung aus Zitronensäurekristallen bleichen.

Benzin-ränder BENZINRÄNDER lassen sich mit Terpentin entfernen.

Berührung ANGESCHMUDDELTE STELLEN auf empfindlichen Stoffen, die durch Hautkontakt, z. B. durch häufiges Berühren mit warmen

Berührung

Händen, entstehen, können Sie beseitigen, indem Sie den Stoff beidseitig mit Kreidepulver und saugfähigem Papier bedecken und die Flecken mit einem heißen Bügeleisen ausbügeln. Sehr hilfreich ist auch Waschbenzin.

Bier

BIERFLECKEN. Wenn Sie Bier direkt nach dem Verschütten mit einem saugfähigen Tuch aufnehmen, hinterläßt es keine Flekken. Hatte die Flüssigkeit allerdings Zeit einzutrocknen, dann reicht in den meisten Fällen eine warme Seifenlauge aus, manchmal sogar nur warmes Wasser. Ein altes Gegenmittel besteht darin, die Flecken mit einem abgekühlten Tamarindenaufguß oder mit einer Lösung aus Weingeist und Wasser (zu gleichen Teilen) zu behandeln.

Bleistift

BLEISTIFTFLECKEN auf einer harten Oberfläche lassen sich mit einem Radiergummi entfernen. Eine warme Seifenlauge, Alkohol und Waschbenzin leisten bei Textilien gute Dienste.

Blut

BLUTFLECKEN. Nehmen Sie das Blut sofort mit einem saugfähigen Papier oder Tuch auf, und waschen Sie den Rest mit kaltem Wasser oder einer Seifenlauge aus.

Blut Blutflecken können Sie auch erfolgreich behandeln, indem Sie das betroffene Kleidungsstück in einer Soda- oder Salzlösung einweichen. Sollten Sie damit keinen Erfolg haben, können Sie den Stoff, soweit er das verträgt, mit 3%igem Wasserstoffsuperoxyd oder mit in heißem Wasser aufgelösten Zitronensäurekristallen bleichen.

Brand VERSENGTE STELLEN (z. B. vom Bügeln) können in leichten Fällen noch gerettet werden: Mit hellem, heißem, 5–10%igem Essig und einem Leinentuch oder mit einer schwachen Boraxlösung auf einem Schwämmchen lassen sich die Flecken manchmal wegreiben.

Anschließend mit Wasserstoffsuperoxyd bleichen. Falls dies alles nicht wirkt, ist das Gewebe zu stark angesengt, um den Brandschaden noch beseitigen zu können.

Butter BUTTERFLECKEN. Schaben Sie zuerst die Butter mit einem stumpfen Messer vom Stoff ab. Dann legen Sie den Stoff zwischen zwei Lagen Küchenpapier und bügeln den Fleck weg (falls der Stoff gebügelt werden darf). Anschließend mit einem Flanelltuch und Waschbenzin abtupfen.

Coca-Cola COCA-COLA-FLECKEN verschwinden in der Regel in einer lauwarmen Seifenlauge. Mögliche Reste können Sie mit einer Lösung aus Zitronensäurekristallen entfernen.

Siehe »Fett« **Creme**

EIGELBFLECKEN lassen sich, falls der Fleck nicht zu alt ist, mit lauwarmem Wasser oder einer Seifenlauge beseitigen. Eventuell mit Alkohol oder Terpentin (nach-)behandeln. **Eigelb**

EISCREMEFLECKEN sollten Sie mit heißem Wasser, Waschbenzin oder Alkohol behandeln. **Eiscreme**

EITERFLECKEN entfernt man mit Seifenlauge. Mit lauwarmem Wasser und einem Schuß Salmiakgeist gründlich nachspülen. **Eiter**

FLECKEN VON ERBROCHENEM sollten zuerst mit viel klarem Wasser ausgespült und anschließend in einer Seifenlauge gewaschen werden. Eventuell den Fleck danach mit 3 %igem Wasserstoffsuperoxyd oder gelösten Zitronensäurekristallen bleichen. **Erbrochenes**

ERDBEERFLECKEN. Entfernen Sie zuerst sorgfältig das Fruchtfleisch. Den Fleck anschließend mit lauwarmem Wasser, eventuell mit einer Seifenlauge behandeln. Empfindliche und gefärbte Gewebe können mit reinem Alkohol abgetupft werden. Danach den Stoff mit klarem Wasser spülen oder auswaschen. Falls nötig und möglich – das hängt von der Farbe und der Qualität des Stoffes ab – mit 3%igem Wasserstoffsuperoxyd oder mit in heißem Wasser aufgelösten Zitronensäurekristallen nachbleichen. **Erdbeere**

Erdnuß-butter Siehe »Fett«

Fensterkitt FENSTERKITTFLECKEN können mit Terpentin oder Waschbenzin beseitigt werden; handelt es sich um alte Flecken, müssen sie erst einige Stunden in Petroleum einweichen, bevor man sie endgültig entfernen kann.

Fett FETTFLECKEN lassen sich häufig mit Kartoffelmehl entfernen. Bestreuen Sie die entsprechende Stelle dick mit dem Kartoffelmehl, und lassen Sie es eine Zeitlang einwirken. Anschließend können Sie das Mehl mit dem Fett ausbürsten.

FETTFLECKEN AUF LEINENGEWEBE kann man wie Kerzenwachs mit einem warmen Bügeleisen und saugfähigem Papier fast völlig beseitigen. Früher bestreute man den Fleck auch mit Kreidepulver und bügelte ihn anschließend mit einem warmen Bügeleisen. In den meisten Fällen muß der Fleck allerdings mit Waschbenzin behandelt werden.

FETTFLECKEN AUF BAUMWOLLSTOFFEN kann man einige Stunden in entrahmter Milch einweichen. Anschließend gut ausspülen.

Fettflecken auf Wolle sollte man zuerst mit einer feinen Bürste oder einem Frotteetuch und einer Lösung aus einem Teil Salmiakgeist und 8 Teilen Wasser behandeln.

Sie können auch Waschbenzin verwenden: Legen Sie ein sauberes Tuch oder eine dicke Lage Löschpapier unter den Stoff, um das Benzin und den Schmutz aufzufangen. Fettflecken lassen sich auch mit einer Mischung aus 25 g Boraxpulver und 1/2 l kochendem Wasser entfernen (Lösung erst abkühlen lassen).

Fettflecken auf Samt können Sie mit einem terpentingetränkten Flanelltuch vorsichtig aus dem Gewebe reiben.

Für Flecken auf Wildleder gilt die Regel, daß jede fleckenverursachende Substanz – welcher Art auch immer – sofort entfernt werden sollte. Ein Fettfleck kann mit einem groben Tuch und Waschbenzin beseitigt werden. Sorgfältig mit einem sauberen Waschleder oder weißem Frotteetuch trockenreiben. Damit vermeiden Sie die Bildung von Rändern. Mit einer Wildlederbürste, einem harten und groben Radiergummi nachbehandeln. Fettflecken können auch mit Haferflocken, Backmehl oder Paniermehl entfernt werden.

Fett- und Ölflecken auf Papier. Feuchten Sie Magnesiumoxydpulver mit Wasser an, und bestreichen Sie damit den Fleck.

Fett Angeschmuddelte Spielkarten, die mit einer Schutzschicht überzogen sind, können Sie mit einer Lösung aus Salmiakgeist und Wasser reinigen.

Filzstift FILZSTIFTFLECKEN halten sich nicht lange, wenn man sie mit Alkohol oder Aceton bearbeitet. Allerdings sollten Sie Aceton nicht bei Kunstfasern anwenden.

Fliegendreck FLIEGENDRECK auf Kleidungsstücken läßt sich mit Wasser und etwas Salmiakgeist entfernen. Für Gebrauchsgegenstände mit harten Oberflächen kann man auch Spiritus verwenden.

Gemüse GEMÜSEFLECKEN. Entfernen Sie zuerst die Gemühsereste mit einem stumpfen Messer. Bekämpfen Sie den Fleck mit einer Seifenlauge, oder betupfen Sie ihn mit Alkohol. Eventuell ist ein Nachbleichen notwendig.

Glyzerin GLYZERINFLECKEN lassen sich mit einer Seifenlauge beseitigen.

Gras GRASFLECKEN lassen sich mit einer Lösung aus 1/2 l heißem Wasser, 2 Teilen Spiritus und einem Schuß 5–10%igem Salmiakgeist aus der Kleidung herauswaschen.

Auch reiner Alkohol leistet gute Dienste, ebenso Wasser mit einem kräftigen Schuß Salmiakgeist. **Gras**

Grasflecken in weißem Leinengewebe sollte man mit 3%igem Wasserstoffsuperoxyd oder einer Lösung aus Zitronensäurekristallen bleichen.

GUMMIFLECKEN lassen sich mit Wasser, Alkohol oder Terpentin erfolgreich entfernen. **Gummi**

GUMMIARABIKUM beseitigt man mit warmem Wasser und einem Schuß Salmiakgeist. **Gummiarabikum**

Siehe »Teer« **Harz**

FLECKEN VON HUNDEDRECK. Entfernen Sie zuerst das Gröbste, auch wenn es noch nicht getrocknet ist. Anschließend behandeln Sie den Fleck mit einer lauwarmen Seifenlauge. Möglicherweise riecht der Stoff auch nach der Behandlung noch unangenehm; bekämpfen Sie diesen Geruch mit einem der zahlreichen in Drogerien erhältlichen Mittel. Zum Schluß sollte der Stoff desinfiziert werden. **Hundedreck**

JODFLECKEN, vor allem solche älteren Datums, können sehr hartnäckig sein. Es empfiehlt sich, die Flecken möglichst schnell mit kochendem Wasser und 5%igem Salmiakgeist zu behandeln. **Jod**

Joghurt Joghurtflecken sollte man erst trocknen lassen; anschließend wegbürsten und zurückgebliebene Ränder mit Wasser und Seife oder mit Waschbenzin herauswaschen.

Kaffee Kaffeeflecken können, solange sie frisch sind, mit viel warmem Wasser und eventuell etwas Seife entfernt werden. Früher war es auch üblich, Kaffeeflecken mit Glyzerin einzureiben und anschließend mit einer Salmiakgeistlösung zu behandeln (siehe »Schokolade« und »Tee«).

Kalk Kalkflecken auf Textilien können Sie mit einem in hellem Essig getränkten Tuch entfernen.

Kalkflecken in Wollgeweben lassen sich erfolgreich mit einer Lösung aus einem Teil Alaun und 10 Teilen Wasser behandeln. Feuchten Sie ein Tuch mit dieser Flüssigkeit an, legen Sie es auf die Flecken, und halten Sie ein warmes (nicht zu heißes) Bügeleisen ein paar Minuten auf die betroffene Stelle.

Kaugummi Kaugummiflecken lassen sich nur mühsam von Textilien entfernen. Falls die Umstände es erlauben, sollten Sie das Kau-

Kaugummi

gummi hart werden lassen. Am besten legen Sie das betroffene Kleidungsstück in einem Plastikbeutel verpackt ins Tiefkühlfach. Wenn das Kaugummi nach einiger Zeit hart geworden ist, läßt es sich in den meisten Fällen mühelos beseitigen. Zurückgebliebene Reste kann man mit Aceton oder Benzin bearbeiten. Mit Benzin erzielt man auch auf harten Materialien gute Ergebnisse. Mit Alkohol kann man frische Kaugummiflecken aus Geweben entfernen.

Kerzenwachs

WACHSFLECKEN lassen sich leichter entfernen, wenn man den betroffenen Stoff erst in kaltes Wasser taucht. Das erstarrte Wachs kann dann in kleine Stücke gebrochen und mühelos entfernt werden. Zurückbleibende Wachsreste lassen sich anschließend mit einem warmen Bügeleisen und einem saugfähigen Papier, z. B. Lösch- oder Küchenpapier, herausbügeln. Mit Terpentin, Waschbenzin oder Alkohol nachbehandeln.

Kirschen

KIRSCHFLECKEN beseitigt man mit einer einfachen Seifenlauge – oder man weicht sie ca. 10 Stunden in Buttermilch ein (siehe »Erdbeeren«).

Kohle

KOHLEFLECKEN können Sie mit Waschbenzin behandeln und eventuell mit 3%igem Wasserstoffsuperoxyd nachbleichen.

Kugelschreiber KUGELSCHREIBERFLECKEN kann man problemlos mit einer Seifenlauge, Spiritus oder Salmiakgeist entfernen. Alte Flecken sollte man darin erst eine Zeitlang einweichen, bevor man sie wäscht oder ausspült.

Lack LACKFLECKEN, z. B. von Siegellack, Nagellack u. ä., können Sie in einfachen Fällen mit Spiritus und/oder Aceton beseitigen. Aceton sollte allerdings nicht für empfindliche oder synthetische Stoffe verwendet werden.

Lakritz LAKRITZFLECKEN können Sie mit einer Schmierseifenlauge behandeln. Ist der Fleck alt oder eignet sich der Stoff nicht für eine solche Behandlung, sollten Sie es einmal mit Wasser und einem Schuß Salmiakgeist versuchen. Anschließend den Stoff gründlich mit lauwarmem Wasser ausspülen.

Leim HOLZLEIMFLECKEN entfernt man mit einer warmen Seifenlauge oder mit Wasser und einem Schuß Salmiakgeist. Kunststoffkleber kapituliert vor Aceton, Gummilösungen löst man mit Waschbenzin auf.

Likör LIKÖRFLECKEN lassen sich mit verdünntem Spiritus heraustupfen, gegebenenfalls mit einer warmen Seifenlauge aus Gallseife nachbehandeln und zum Schluß mit lauwarmem Wasser ausspülen.

Likör

Flecken auf nicht waschbaren Stoffen sollten mit Alkohol betupft und danach einige Stunden im Freien gelüftet werden.

Eierlikörflecken. Sie kratzen mit einem stumpfen Messer oder Löffel den Likör vom Stoff ab, legen dann ein dünnes Tuch auf die betroffene Stelle und betupfen den Fleck durch das Tuch hindurch mit verdünntem Salmiakgeist. Ein frischer Fleck auf Wollgewebe kann mit einem Frotteetuch und etwas Alkohol oder Benzin vorsichtig weggewischt werden.

Lippenstift

Lippenstiftflecken lassen sich beseitigen, wenn Sie die betroffenen Stellen mit Alkohol oder Terpentin und einem Wattebausch abtupfen. Falls es die Stoffart zuläßt, mit 3%igem Wasserstoffsuperoxyd bzw. einer Lösung von Zitronensäurekristallen (bei gefärbten Geweben) bleichen.

Marmelade

Marmeladeflecken lassen sich mit warmem Wasser oder einer Seifenlauge auswaschen oder mit Alkohol abtupfen (siehe »Erdbeeren«).

Maschinenöl

Maschinenölflecken sollten Sie zunächst mit Salmiakgeist behandeln und anschließend mit warmem Wasser gründlich ausspülen.

Mascara MASCARAFLECKEN betupft man mit einer lauwarmen Schmierseifenlauge.

Milch Siehe »Fett«

Nagellack Siehe »Lack«

Nikotin NIKOTINFLECKEN können Sie mit Zitronensaft, Salmiakgeist oder Seifenspiritus aus Textilien entfernen.

Nikotinflecken an den Händen sollten Sie täglich mit Bimsstein abreiben und danach mit einem Frotteetuch und Zitronensaft behandeln.

Nüsse FLECKEN VON NUSS-SCHALEN verschwinden, wenn man sie mit dem ungesalzenen Kochwasser weißer Bohnen behandelt.

Öl Siehe »Fett«

Obst OBSTFLECKEN lassen sich normalerweise leicht auswaschen, wenn man sie zuvor kräftig mit Salz bestreut hat.

Obstflecken von gekochtem Obst sollten Sie mit einer warmen Lösung aus Salmiak und Wasser behandeln, anschließend für mehrere Stunden in Buttermilch mit einem Schuß Zitronensaft einweichen und danach mit Wasser gründlich ausspülen.

Obst

PARFUMFLECKEN behandelt man am besten mit reinem Alkohol.

Parfum

PETROLEUMFLECKEN lassen sich mit einem heißen Bügeleisen, Kartoffelstärke und saugfähigem Löschpapier wegbügeln. Bedecken Sie die Flecken mit einer dicken Schicht Stärke, und legen Sie das Papier auf und unter den Stoff. Dann streichen Sie mit dem Bügeleisen darüber und wiederholen, falls notwendig, diese Behandlung mit neuem Papier und frischer Kartoffelstärke. Anschließend abbürsten und im Freien lüften.

Petroleum

PFIRSICHFLECKEN lassen sich mit einer warmen Seifenlauge entfernen, wenn man sie zuvor mit Glyzerin, das einige Zeit einwirken sollte, behandelt hat.

Pfirsich

Pflaster LEUKOPLAST- ODER PFLASTERFLECKEN lassen sich mit Benzin oder Aceton entfernen.

Puder PUDERFLECKEN. Bürsten Sie den Puder mit einer weichen Bürste ab, und betupfen Sie den Fleck mit Alkohol oder Waschbenzin.

Rasierschaum RASIERSCHAUMRESTE können Sie einfach mit warmem Wasser abspülen oder mit Wasser und Essig tupfend oder leicht reibend entfernen.

Rost ROSTFLECKEN. Ein althergebrachtes Hausmittel empfiehlt, die betroffenen Stellen der Kleidungsstücke in heißen Wasserdampf zu halten. Anschließend mit Zitronensaft beträufeln und nach einer halben Stunde auswaschen.

Auch mit einer Mixtur aus Alaunpulver und Weinsteinsäure zu gleichen Teilen erzielt man hervorragende Ergebnisse bei der Behandlung von Rostflecken.

In hartnäckigen Fällen und falls die Stoffart es zuläßt, können Sie Rostflecken auch mit hellem Essig bekämpfen. Gegebenenfalls mit 3%igem Wasserstoffsuperoxyd nachbleichen.

Rote Bete

ROTE-BETE-FLECKEN. Zuerst Reste der Roten Bete entfernen, dann mit lauwarmem Wasser oder einer lauwarmen Seifenlauge ausspülen. Anschließend die Flecken mit 10%igem Salmiakgeist betupfen und, wenn möglich und nötig, mit 3%igem Wasserstoffsuperoxyd bleichen.

Rotkohl

ROTKOHLFLECKEN beseitigt man mit einer einfachen Seifenlauge, mit Alkohol oder einer 10%igen Zitronensäurelösung.

Rouge

ROUGEFLECKEN betupft man mit Alkohol oder Waschbenzin.

Ruß

RUSSFLECKEN reibt man mit Sägemehl ein, saugt es mit den Rußpartikeln anschließend auf und behandelt den Fleck dann mit Alkohol.

Sahne

Siehe »Fett«

Schlamm

SCHLAMM UND ÄHNLICHEN SCHMUTZ sollten Sie erst trocknen lassen. Anschließend abkratzen und -bürsten. Zurückbleibende Flecken können Sie mit abgekochtem Wasser auswaschen. Versuchen Sie nicht, den Schmutz mit einem feuchten Tuch zu entfernen, damit reiben Sie ihn nur noch tiefer in das Gewebe hinein.

Schokolade SCHOKOLADEN- ODER KAKAOFLECKEN lassen sich auf unterschiedliche Weise entfernen. Waschen Sie den Stoff einfach mit warmem oder heißem Wasser, gegebenenfalls mit Seife (nicht für Wolle geeignet). Sie können die Flecken auch mehrmals in entrahmte Milch tauchen (stets mit Wasser nachspülen) oder die Flecken mit Alkohol oder Glyzerin (eventuell auch mit einem Eigelb vermischt) einreiben und sie anschließend in einer lauwarmen Seifenlauge waschen. Möglicherweise müssen Sie den Stoff noch nachbleichen. Die genannten Mittel eignen sich auch zur Behandlung von Tee- und Kaffeeflecken.

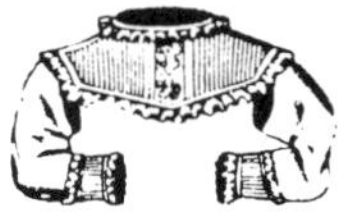

Schuh-creme SCHUHCREMEFLECKEN nehmen vor Terpentin Reißaus. Reiben Sie die Flecken mit einem groben Tuch kräftig ab.

Schweiß SCHWEISSFLECKEN kann man, wenn sie noch frisch sind, mit lauwarmem Wasser leicht entfernen. Ein gutes Reinigungsmittel, auch für ältere Schweißflecken, besteht aus einer Lösung aus Wasser und Salmiakgeist. Anschließend sollte man das Kleidungsstück mit einer Lösung aus Wasser und hellem Essig nachspülen.

Senf SENFFLECKEN. Wischen Sie den Senf mit einem Tuch oder Küchenpapier ab, und waschen Sie den Stoff danach in warmer

Seifenlauge. Sollte dies nicht helfen, behandeln Sie den Fleck mit Wasser und einem Schuß Salmiakgeist. Gegebenenfalls einige Zeit in 3%igem Wasserstoffsuperoxyd oder Zitronensäurelösung einweichen lassen. Danach gut ausspülen. **Senf**

Alte Senfflecken reibt man mit Glyzerin ein, das man kurze Zeit einwirken läßt und anschließend mit einer Seifenlauge auswäscht.

Sonnenöl

Siehe »Fett«

Spinat

SPINATFLECKEN können Sie wie Gemüseflecken behandeln. Oder Sie versuchen es mit einer rohen Kartoffel. Reiben Sie den Fleck mit der Kartoffel ab, und spülen Sie anschließend den Stoff gut mit warmem Wasser.

Staub

STAUBFLECKEN in Wollstoffen, Tuch o. ä. sollten Sie mit einer leicht angefeuchteten (Wasser oder Waschbenzin) Bürste entfernen.

Stockflecken

STOCKFLECKEN lassen sich entfernen, wenn man die Wäsche in hellem Essig einweicht oder in eine Mischung aus 2 l Wasser und 50 g Zitronensäure legt.

Alte Stockflecken sollte man zuvor über längere Zeit in saurer Milch einweichen.

Stockflecken können Sie aber auch mit einer Lösung aus 10 Teilen Wasser, einem Teil Salmiak und einem Teil Salz behandeln. Anschließend sollten Sie das Kleidungs- oder Wäsche-

Stock-flecken stück an der frischen Luft trocknen, dann ganz normal waschen. Sollte diese Prozedur beim ersten Versuch nicht zum gewünschten Erfolg führen, kann sie mehrfach wiederholt werden.

Suppe SUPPENFLECKEN lassen sich normalerweise mit einer Seifenlauge beseitigen; eingetrocknete Flecken behandelt man am besten mit Alkohol oder Waschbenzin. Eventuell mit in Wasser gelösten Zitronensäurekristallen nachbleichen.

Tabak TABAKFLECKEN in Leinengeweben behandelt man mit einer Lösung aus Eigelb und Spiritus. Einige Stunden einweichen lassen, danach mit Alkohol abreiben und in heißem Wasser ausspülen.

Tee TEEFLECKEN kann man, solange sie noch nicht zu alt sind, mit lauwarmer Seifenlauge entfernen; auch eine Lösung aus Wasser und reichlich Zitronensaft oder 10%iger Zitronensäure beseitigt die Flecken. Gegebenenfalls mit 3%igem Wasserstoffsuperoxyd bleichen.

Teer ASPHALT-, HARZ-, TEER- UND FIRNISFLECKEN können mit einfachen Mitteln entfernt werden. Bestreichen Sie den Fleck dick mit ungesalzener Butter. Nach 12 Stunden die Butter mit einem Löffel oder einem stumpfen Messer abkratzen und den Fleck mit Terpentin, Alkohol oder Waschbenzin behandeln. Unter den Fleck sollten Sie mehrere Schichten Küchenpapier legen, das den Schmutz auffangen kann. Unter Umständen läßt sich auch ein Großteil oder sogar der ganze Fleck mit saugfähigem Papier und einem warmen Bügeleisen entfernen. Die Flekken immer wieder mit Terpentin einreiben und den Stoff auf einer Papierunterlage bügeln.

Eine andere Möglichkeit besteht darin, die betroffenen Stellen nacheinander mit Terpentin, Waschbenzin oder Spiritus zu behandeln und danach mit einer kräftigen Seifenlauge zu waschen.

Harz läßt sich aus Wollgeweben mit einem Frottee- oder Flanelltuch und etwas Spiritus entfernen. Harzflecken auf Samt bekämpft man mit einem zitronenölgetränkten Wattebausch, den man so lange auf dem Fleck liegen läßt, bis er verschwunden ist, oder man reibt den Stoff vorsichtig in Faserrichtung mit Terpentin ab.

TEER ODER SCHMIERÖL AN HÄNDEN UND FÜSSEN lassen sich mit Petroleum abreiben. Anschließend sollten Sie Ihre Hände oder Füße mit einer guten, rückfettenden Seife waschen. Eine kleine Flasche Petroleum und etwas Watte gehören bei einem Urlaub an der See in jedes Reisegepäck.

Tinte

TINTENFLECKEN kann man mit dem ungesalzenen Kochwasser weißer Bohnen aus Leinen- und Baumwollstoffen entfernen. Falls die Flecken frisch sind, genügt es manchmal, sie mit Zitronensaft zu beträufeln. Anschließend ausspülen und gegebenenfalls mit 3%igem Wasserstoffsuperoxyd abreiben (nicht für farbige Stoffe geeignet!). Auch durch Einweichen in Buttermilch erzielt man gute Ergebnisse. Je nach Art des Stoffes können Sie den Fleck ebensogut mit Essig oder einer warmen Seifenlauge wegtupfen, probieren Sie die Wirkung aber vorsichtshalber zunächst an einer unauffälligen Stelle des Saums aus. Anschließend gründlich nachspülen. Falls Sie Genever im Haus haben, können Sie Tintenflecken auch damit betupfen; Spiritus eignet sich ebensogut.

Stoffe, die gebleicht werden dürfen, behandelt man (falls nötig) mit 3%igem Wasserstoffsuperoxyd oder 10%iger Zitronensäure. Tintenflecken in Wollgeweben und auf Pelzen reibt man besser erst mit Glyzerin ein und wäscht den Stoff nach einiger Zeit in einer kräftigen, lauwarmen Seifenlauge aus. Anschließend gut nachspülen und trocknen lassen. Weiße Wollsachen behandelt man am besten mit 10%iger Zitronensäure. Danach sofort mit viel Wasser ausspülen.

Ein altes Hausmittel empfiehlt, Tintenflecken zunächst mit Milch und einem Wattebausch zu betupfen und dann auszuwaschen. Tintenflecken auf Möbelplüsch behandelte man früher nach folgendem Rezept: Die Flecken wurden mit Wasser angefeuchtet, darauf legte man mit Zitronensäure getränktes Löschpapier, das man mit einer weiteren Lage Löschpapier bedeckte. Dann drückte man das Papier fest auf, betupfte die Stelle anschließend mit Seifenlauge und spülte mit reichlich klarem Wasser nach.

STEMPELFARBE reibt man mit Aceton ein und spült sie mit Wasser und einem Schuß Salmiakgeist aus. **Tinte**

TOMATENFLECKEN entfernt man mit einer lauwarmen Seifenlauge oder mit Wasser und einem Schuß Salmiakgeist bzw. verdünntem Spiritus. Ältere Tomatenflecken sollte man in einer warmen Seifenlauge mit einem Schuß Wasserstoffsuperoxyd einweichen. **Tomate**

URINFLECKEN sollte man mit Zitronensaft oder hellem Essig behandeln. Häufig genügt auch warmes Wasser mit einem Schuß Salmiakgeist. Auf jeden Fall immer mit viel klarem Wasser nachspülen. **Urin**

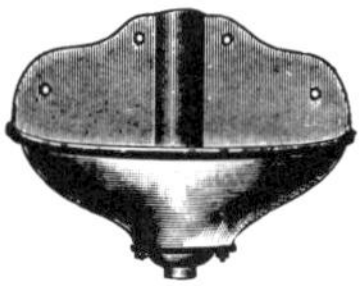

VASELINEFLECKEN. Kratzen Sie die Vaseline mit einem stumpfen Messer ab. Danach legen Sie Löschpapier auf die Flecken und bügeln sie mit einem heißen Bügeleisen weg. Dabei sollten Sie das Papier immer wieder verschieben, bis es kein Fett mehr aufnimmt. Fleckenreste mit Terpentin herausreiben. **Vaseline**

VOGELDRECK sollte am besten sofort abgekratzt und danach mit einer Seifenlauge oder mit Essig, Zitronensaft bzw. einer 10%igen Zitronensäurelösung behandelt werden. **Vogeldreck**

Wagen-schmiere

Flecken von Wagenschmiere in nicht allzu empfindlichen Geweben kann man erst mit Butter einweichen und später mit grüner Seife auswaschen.

Feine Textilien sollte man mit Waschbenzin behandeln.

Wein

Weinflecken sollten gar nicht erst eintrocknen; am besten man behandelt sie sofort. Flecken auf einem Oberhemd direkt mit warmem oder heißem Wasser ausspülen oder ein Handtuch unter den Stoff legen und den Fleck mit einem Frotteetuch und heißem Wasser abtupfen.

Weinflecken auf Tischdecken sollte man direkt mit einem feuchten Schwamm aufnehmen. Die Flecken anschließend großzügig mit Salz bedecken, denn Salz nimmt ebenfalls die verschüttete Flüssigkeit auf. Waschen Sie die Tischdecke danach in Seifenlauge, oder entfernen Sie die Flecken mit Alkohol.

Rotweinflecken. Sind die Flecken noch frisch, hält man sie über heißen Wasserdampf. Ein altes, aber immer noch effektives Mittel besteht darin, die Flecken in warmer Milch einzuweichen und danach in einer Lösung aus warmem Wasser und einem Schuß Essig auszuspülen.

Wein

Aus Großmutters Zeiten stammt auch der Tip, das Gewebe in Salzwasser zu spülen. Häufig hilft auch Wasserstoffsuperoxyd, das allerdings schnell wieder ausgespült werden muß.

Rotweinflecken auf Wollteppichen entfernt man, indem man sie mit Salz bedeckt und das Salz solange erneuert, bis es keine Flüssigkeit mehr aufnimmt. Eingetrocknete Flecken erst mit Wasser anfeuchten.

Zahnpasta

ZAHNPASTAFLECKEN lassen sich einfach mit lauwarmem oder heißem Wasser beseitigen.

Zement

ZEMENTFLECKEN. Den Zement abkratzen und mit einer harten Bürste kräftig nachbürsten. Fleckenreste mit einem essiggetränkten Frotteetuch bearbeiten.

Zucker

ZUCKER- ODER SIRUPFLECKEN lassen sich problemlos in warmem oder heißem Wasser ausspülen. Zuckerflecken auf Polstermöbeln sollten Sie mit einem Schwamm und heißem Wasser, anschließend mit einem Frotteetuch abreiben und mit einem Leinentuch oder einem warmen Bügeleisen trocknen.

Kapitel 6

Leib und Seele
Wie man sie zusammenhält

Was passiert, wenn man dieses famose Gespann nicht zusammenhält, davon hat jeder zumindest eine schwache Ahnung, der einmal oder sogar öfter in die Lage geriet, morgens mit einem ausgewachsenen Kater aufzuwachen. Es gibt aber auch andere Ursachen für peinigende Kopfschmerzen – man denke nur an das sprichwörtliche ›Sich-den-Kopf-Zerbrechen‹ mit seinen unangenehmen Konsequenzen. Tatsächlich führt die übertriebene Beschäftigung vorzugsweise mit unlösbaren Problemen zu allgemeiner körperlicher Verspannung.

Wenn der Körper sich in Gestalt von Schmerzen zur Wehr setzt, dann tut er das häufig völlig zu Recht. Es ist allerdings zumeist wenig empfehlenswert, sich voller Elan auf die Symptome zu stürzen, sondern sehr viel sinnvoller, nach den Ursachen zu forschen. Dazu muß man kein Psychologe sein – eine schriftliche Vergewisserung all dessen, was Geist und Seele in den letzten Tagen bewegte oder gar ärgerte, kann schon eine gewisse Gefühlsklärung und anschließende Symptomminderung bewirken. Liest man die Tagebücher oder Briefwechsel berühmter Zeitgenossen, so wird man feststellen, daß diese Methode eine gar nicht so selten vorkommende Therapieform zu sein scheint, mit der man sich selbst helfen kann. Vor Kindlichkeiten, auch das zeigen diese Beispiele, sollte man dabei nicht zurückschrecken.

Wer nach den Ursachen forscht, wird vielleicht zu dem Schluß kommen, daß er eigentlich sein Leben grundsätzlich ändern müßte. Diese Einsicht läßt sich jedoch erfahrungsgemäß selten in die Tat umsetzen.

So mancher Mitmensch ist sogar eher bemüht, mit bisweilen fragwürdigen Methoden das Gegenteil zu bewirken: Ich kenne einen passionierten Segler, der regelmäßig derart seekrank wird, daß er 24 Stunden vor Antritt der Seefahrt überhaupt nichts mehr ißt, um später nur noch Salzheringe mit Knoblauch und schales Bier zu sich zu nehmen. Das scheint mir der wahre Preis zu sein, den die See fordert! Solche rabiaten Methoden mögen ja streckenweise humorvoll sein – ich halte sie dennoch gemeinhin für überflüssig.

Unsere Hausmittel stellen daher vielmehr einen auf Körper und Seele abgestimmten Mittelweg dar. Wen wundert es, daß ich bei meinen Recherchen auf Hausrezepte stieß, die ich noch von meiner Großmutter kenne und mittlerweile auch meinem eigenen Kind angedeihen lasse.

Einige Rezepte dienen weniger der Behandlung eigentlicher Krankheiten als vielmehr der Therapierung so mißlicher Umstände wie z. B. dem gerade in

Gesellschaft so peinlichen Schluckauf oder dem »eingefleischten« Fingerring. Und bitte beachten Sie, daß die eigene Apotheke in vielen Fällen keinen Hausarzt ersetzt. (Fragen Sie bei der Wahl Ihres Hausarztes nach, ob er auch Hausbesuche macht.) Bei Kleinkindern z. B. sollte man sich keinesfalls scheuen, wegen jeder Kleinigkeit zum Doktor zu laufen; es kann immer etwas Ernstes dahinterstecken – selbst so scheinbar harmlose Symptome wie Durchfall oder Ohrenschmerzen können akute Alarmzeichen sein, die man auf keinen Fall selbst behandeln sollte. Die Entscheidung, wann Sie den Spezialisten zu Rate ziehen, kann Ihnen niemand abnehmen. Nur: Tun Sie's bitte lieber zu früh als zu spät!

Alpträume Alpträume sind häufig die Folge von zu reichlichem und zu schwerem Essen oder auch großer innerer Anspannung, die sich häufig schon nach einem Tee aus Zitronenmelisse, Baldrian oder einem Glas warmer Milch mit Anis löst.

Bei einer Überlastung des Magens sind einige Tassen schwarzen Kaffees (ohne Zucker) oder, wenn man nach dem Genuß von Kaffee schlecht einschlafen kann, einige Gläser heißen, starken Kamillentees sehr wohltuend.

›Müde‹ Beine

Wenn Ihre Beine von zu langem Stehen oder Gehen müde sind und schmerzen, sollten Sie zunächst ein warmes Fußbad nehmen und anschließend die Füße mit kaltem Wasser abgießen. Danach empfiehlt es sich, die Beine hochzulegen.

Blasenentzündung

Eine Blasenentzündung verursacht Schmerzen in der Blase und den Harnwegen und erhöht den Harndrang. Sie tritt häufig als begleitendes Symptom von Erkältungen auf.

In leichten Fällen läßt sich eine solche Entzündung mit warmen Kompressen, warmen Bädern, einer Wärmflasche und mit speziellem Blasentee zum Durchspülen der Blase bekämpfen. Sollten sich die Symptome nicht bessern, ziehen Sie einen Arzt zu Rate.

Blähungen

Gegen Blähungen helfen Pfefferminztee, Wismutpräparate oder auch in 1/2 l Milch aufgekochter Kümmel (ein Eßlöffel).

Hülsenfrüchte, Zwiebeln und Kohlgemüse jeder Art sollten Sie meiden.

Bluterguß

Umschläge mit essigsaurer Tonerde oder Arnikatinktur lassen einen Bluterguß schneller abklingen.

Brennesseln

Verdünnter Salmiakgeist, Essig oder eine Salzlösung lindern den durch Brennesseln verursachten Juckreiz.

Durchfall

Durchfall kann viele Ursachen haben: z. B. verdorbenes Essen oder eine Darminfektion. In leichten Fällen können Sie sich helfen, wenn Sie getrocknete oder gekochte Blaubeeren zu sich nehmen.

Ein anderes Hausmittel empfiehlt einen Schokoladentrunk aus Kakao mit Wasser. Kochwasser von Reis oder etwas geriebener Apfel (erst braun werden lassen) können ebenfalls helfen. Gleichzeitig sollten Sie auf jede fettige oder schwer verdauliche Nahrung verzichten. Noch besser wäre es, einen Tag lang gar nichts zu essen oder nur trockenen Zwieback und dazu dünnen, schwarzen Tee ohne Zucker zu sich zu nehmen.

Verschluckte Fischgräte

Wenn Sie eine Fischgräte verschluckt haben, empfiehlt es sich, langsam eine Zitrone auszusaugen. Die Zitronensäure weicht die Gräte auf. Mit einem Schluck Wasser und einem Stück Brot löst sich dann der unangenehme Fremdkörper.

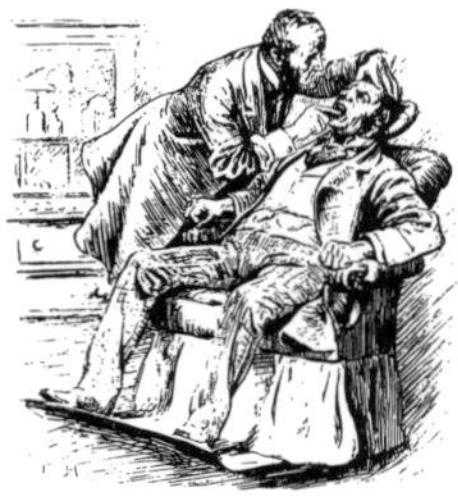

Fieber

Die Körpertemperatur liegt am Abend etwa 1/2 Grad höher als am Morgen. Bis zu 37,5° C gelten als normal. Bei höheren Temperaturen spricht man von Fieber. Fieber ist meist ein Anzeichen für eine Infektion im Körper und der Beweis dafür, daß der Körper selbst gegen diese Infektion angeht. Wenn die Ursache

Fieber

beseitigt ist, fällt das Fieber von selbst. Man kann dem Fiebernden jedoch mit einem alten Hausrezept Linderung verschaffen: 200 g Reis waschen und mit 1 l kochendem Wasser begießen. Deckel auf den Topf, abkühlen lassen und den Fiebernden ab und zu einen Schluck Reiswasser trinken lassen.

Nach einem alten Rezept hilft gegen Fieber auch folgendes Hausmittel: Lassen Sie 1/4 l Wasser, 1/4 l Milch, 1/8 l Weißwein, 1/4 Pfund Zucker und 6 Eßlöffel Zitronensaft in einem Topf kurz aufkochen. Nehmen Sie es noch warm zu sich.

Grippe und Erkältung

Wohl jeder kennt die lästigen und kraftraubenden Symptome einer Grippe oder Erkältung. Und ein jeder weiß auch, daß eine ordentliche Schwitzkur den Genesungsprozeß beschleunigt. Ein ausgesprochen schweißtreibendes altes Hausmittel empfiehlt in diesem Fall, etwas Safran 1/2 Stunde in gezuckerter Milch zu köcheln, anschließend ein Gläschen Cognac oder Rum unterzurühren und das Ganze warm zu trinken. Sehr hilfreich kann auch heißer Lindenblüten- oder Holunderblütentee sein.

Grippale Kopfschmerzen können Sie mit einem Tee aus Holunder oder Thymian mit etwas Zitronensaft lindern (siehe »Kopfschmerzen«).

Grippe und Erkältung

Wenn Sie Feigen 1/2 Stunde nahe am Siedepunkt in gesüßter Milch ziehen lassen, erhalten Sie ein hervorragendes Mittel gegen Ihre Erkältung. Erfolg verspricht auch folgendes Rezept: 100 g Zimt, 100 g Gewürznelken und etwas Safran in 11/2 l Muskatellerwein eine 3/4 Stunde köcheln lassen. Nach dem Abkühlen regelmäßig ein Schlückchen zu sich nehmen.

Großmutter empfiehlt gegen Grippe und Erkältung aber besonders einen Tee aus Fenchel und Schafgarbe: Setzen Sie einen Eßlöffel Schafgarbe und einen Teelöffel Fenchelkörner mit 1/4 l Wasser auf, und lassen Sie die Zutaten ca. 1/4 Stunde kochen. Nehmen Sie den Tee dann möglichst 1/2 Stunde vor den Mahlzeiten zu sich.

Halsschmerzen

Gegen Halsschmerzen und Heiserkeit sollten Sie mit 15 Tropfen Kamillenölextrakt in einem Glas Wasser gurgeln. Das ist zwar nicht sehr schmackhaft, aber ein erprobtes Hausmittel. Auch Holunderblütentee in vielen kleinen Schlucken ist gut für die Genesung bei Halsschmerzen und Erkältungen. Für den Tee braucht man einen Eßlöffel getrocknete Holunderblüten auf ein Glas Wasser; man süßt mit Honig. Ab und zu davon nippen.

In Wasser verquirltes Eigelb oder in Rum aufgelöster Kandiszucker und eingeweichte Rosinen wirken ebenfalls schmerzlindernd und heilend.

Hausapotheke

Arzneimittel verlieren im Laufe der Zeit ihre Wirkung. Medikamente, die Sie zu lange aufbewahrt haben, können sogar gesundheitsschädlich sein. Beschriften Sie Ihre Medikamente mit dem jeweiligen Verwendungszweck, und lesen Sie sorgfältig die jedem Arzneimittel beigefügte Information über Verträglichkeit und gegebenenfalls auftretende Nebenwirkungen nach. Sollte das Verfallsdatum überschritten sein, geben Sie das entsprechende Medikament zur Vernichtung Ihrem Apotheker.

Der Medizinschrank sollte unbedingt außerhalb der Reichweite von Kindern angebracht werden und immer verschlossen sein. Menge, Qualität und Marke der Arzneimittel sollte für jede Hausapotheke nach Absprache mit dem Hausarzt individuell zusammengestellt werden. Hier einige Bestandteile, die in keiner Hausapotheke fehlen dürfen:

Verband und Mullbinden in verschiedenen Ausführungen – sterile Watte – Leukoplast – elastische Binden (für Verstauchungen) – Heftpflaster in mehreren Größen – Fieberthermometer – Pinzette – Verbandschere – Vaseline – ein Mittel gegen Sodbrennen – Kopfschmerztabletten – physiologische Kochsalzlösung (gegen Schnupfen) – Hustensaft – Abführmittel.

Husten

Bei Husten und Heiserkeit sollte man ruhig auf Großmutters Rezepte zurückgreifen, denn sie haben bis heute nicht an Geltung verloren. Die Säfte von Rettich, Wegerich oder auch Zwiebelsaft können beispielsweise sehr heilsam sein. Linderung verschafft auch eine Mixtur aus 5 Eßlöffeln Honig, einem Eigelb, einem Eßlöffel Olivenöl und einem Weinglas voll Rum.

Husten

Eine Halskompresse kann ebenfalls sehr wohltuend wirken. Als Hustensaft eignet sich ein Tee aus mit Honig gesüßtem Holundermark ebenso wie ungesalzenes Kochwasser von Kartoffeln, das mit Honig und einem Schuß Rum verrührt wird. Nehmen Sie davon ab und zu einen Eßlöffel, halten Sie die Flüssigkeit einige Zeit im Mund, und schlucken Sie sie dann in kleinen Portionen hinunter.

Übrigens: Einige Tropfen Cypressenöl auf dem Kopfkissen lindern den Hustenreiz und sorgen damit für einen ruhigen Schlaf.

Insektenstiche

Sollten Sie von einer Wespe oder einer Biene gestochen worden sein, versuchen Sie, den Stachel vorsichtig mit einer Pinzette zu entfernen. Desinfizieren Sie die Stelle anschließend mit einem Tropfen Jod, Salmiakgeist oder Essig. Der Saft einer Zwiebel (mit einer halbierten Zwiebel über die betroffene Stelle reiben), ein Wegerich- oder Efeublatt tragen ebenfalls zur Linderung bei. Nach dem Desinfizieren können Sie zusätzlich einen Verband mit essigsaurer Tonerde anlegen.

Ein Bienen- oder Wespenstich in der Mundhöhle oder am Hals ist sehr gefährlich, da akute Erstickungsgefahr besteht. Bis die betroffene Person ärztlich versorgt werden kann, sollte man Eis zum Lutschen oder zumindest kaltes Wasser zum Gurgeln geben, um die Schwellung zu verzögern. Wenn Eis vorhanden ist, sollte man zusätzlich einen mit Eis gefüllten Beutel um den Hals legen.

Kopfläuse

Kopfläuse sind heutzutage zwar eine selten gewordene Plage, doch insbesondere in der Schule und in Kindergärten tauchen sie hin und wieder auf. Sollten Sie oder Ihr Kind zu den leidgeprüften Opfern gehören, können Sie in diesem Fall auf ein althergebrachtes Hausrezept zurückgreifen.

Sie benötigen vor allem einen Staubkamm. Damit kämmen Sie über einem großen, weißen Blatt Papier gründlich Ihr Haar gegen die Richtung des Haarwuchses. Läuse und Nissen fallen dann auf das Papier. Vernichten Sie sie, und wiederholen Sie diese Behandlung mehrmals täglich. Man sollte den Kamm dabei mehrfach in Öl oder Seifenlauge tauchen. Das weicht die Verunreinigungen der Haut auf, die so leichter vom Kamm mitgeführt werden können.

Darüber hinaus empfiehlt Großmutter eine Haarwäsche mit möglichst heißem Essig. Anschließend die Haare mit dem Staubkamm durchkämmen und die Läuse und Nissen auffangen.

Kopfschmerzen

Wenn Sie nicht gleich zu einem der handelsüblichen Kopfschmerzmittel greifen wollen, dann versuchen Sie es doch einmal mit folgenden Hausrezepten aus Großmutters Zeiten:

Trinken Sie warmen, starken Tee oder gesüßten Bohnenkaffee mit Zitrone, und legen Sie sich eine halbe Stunde, den Kopf etwas aufgerichtet, in ein abgedunkeltes Zimmer. Auch Pfefferminz- oder Kamillentee wirken hilfreich.

Kopfschmerzen

Reiben Sie die Stirn, den Nacken und die Schläfen mit Lavendelöl oder Hamamelis-Extrakt ein.

Binden Sie mit Verbandszeug frische Zitronenscheiben auf die schmerzende Stelle.

Nehmen Sie ein Kamillendampfbad.

Massieren Sie Schultern, Nacken, Stirn und Schläfen.

Kopfschmerzen infolge von inneren Spannungen und Nervosität lassen sich oft durch einen Spaziergang und durch die Einnahme von etwas Baldrian bekämpfen. Darüber hinaus steigert ein guter Nachtschlaf Ihr Wohlbefinden.

Der Magen

Es gibt viele Faktoren, die sich nachteilig auf unseren Magen auswirken können, wie beispielsweise zu reichliches Essen oder zu kalte Speisen und Getränke. Auch ungenügendes Kauen oder zu gieriges Hinunterschlingen der Nahrung sind ungesunde Eßgewohnheiten. Regelmäßige Verstöße gegen das Gebot der Mäßigkeit oder falsche Ernährung können eine Reihe von Magenbeschwerden auslösen, wie z. B. Völlegefühl, Sodbrennen, Magenkrämpfe und Magenschmerzen, die ihrerseits mögliche Krankheiten verursachen: Stoffwechselstörungen, Magengeschwüre oder Speiseröhrenbeschwerden. Auch psychische Spannungen können sich nachteilig bis hin zu nervösen Magenleiden auswirken.

Allzu reichliches Essen macht uns nicht kräftiger, sondern nur dicker. Es ist auch ein Märchen, daß üppiger Fleischverzehr gesund sei. Eine vernünftige, abwechslungsreiche Ernährung mit Getreideprodukten ist viel besser für die Gesundheit.

Magenschmerzen, Sodbrennen und andere Anomalien, mit denen der Magen sich bemerkbar macht, sind Signale, die man

Der Magen

nicht auf die leichte Schulter nehmen darf. Sie sagen uns: Verändere Deine Eßgewohnheiten, verkleinere die Nahrungsmenge und/oder verändere Deine Lebensweise. Mäßiges Essen, mäßiges Trinken und möglichst wenig scharfe Speisen und Getränke – wie Gewürze und Alkohol – wirken sich günstig auf Gesundheit und Genesung unseres Magens aus.

Gönnen Sie Ihrem Magen hin und wieder vollkommene Ruhe, indem Sie einen Tag lang fasten und klares Wasser oder Kräutertee trinken.

Sie sollten auch an normalen Tagen morgens und abends ein Glas Wasser trinken. Das wirkt wie ein wohltuendes Bad auf den Magen, den Verdauungstrakt und die Nieren. Gut für den Magen sind auch ein wenig Ingwer und Honig, am besten zusammen mit einem Stück Salatgurke.

Sollten Sie trotz der Beachtung dieser Ratschläge noch Sodbrennen bekommen, hilft ab und zu ein Glas Wasser mit einem Teelöffel Natriumkarbonat. Magenschmerzen kann man mit einem Glas warmer Milch und einigen Tropfen Pfefferminzöl begegnen.

Nasenbluten

Man kann Nasenbluten stillen, indem man sich zehn Minuten lang leicht nach hinten lehnt und dabei die Nasenflügel sanft gegen die Nasenscheidewand drückt. Dabei sollte man einen kalten Gegenstand (eine Flasche aus dem Kühlschrank) oder

Nasen-bluten besser noch eine Plastiktüte mit Eisstückchen in den Nacken und unter die Nase halten, weil sich dadurch die Blutgefäße zusammenziehen.

Wenn das nicht hilft oder die Nase nach einigen Minuten wieder zu bluten beginnt, sollte man zur Vorsicht einen Hals-Nasen-Ohren-Arzt aufsuchen.

Pflaster Mit Wundbenzin können Sie Heftpflaster schmerzlos entfernen.

Rheuma Diese schmerzhafte Erkrankung der Muskeln, Gelenke, Nerven, Sehnen und des Bindegewebes kann viele Ursachen haben, die z.T. noch ungeklärt sind. Sowohl bei Gelenk- als auch bei Muskelrheuma empfiehlt sich die Anwendung einer Salbe, deren Rezept noch aus Großmutters Zeiten stammt: 300 g Terpentin, 90 g Schmierseife, 30 g Salmiakgeist, 75 g Essigsäure und 750 g Wasser. Kochen Sie das Wasser; dann geben Sie den Salmiakgeist und die Schmierseife dazu, verrühren alles sorgfältig und fügen unter ständigem Rühren das Terpentin und die Essigsäure hinzu. Die betroffenen Stellen zweimal täglich (aber auf jeden Fall vor dem Schlafengehen) mit der Salbe einreiben.

Darüber hinaus ist es ratsam, Diät zu halten: Essen Sie nur wenig oder gar kein Fleisch, meiden Sie fettes und schweres Essen sowie Hülsenfrüchte. Nehmen Sie statt dessen viel Rohkost und frisches Obst zu sich. Insbesondere Wacholderbeeren, die Sie täglich essen sollten, sind ein bewährtes Hausmittel gegen Rheuma (und Gicht), ebenso wie Johannisbeersüßmost. Tragen Sie spezielle Angorawäsche, und meiden Sie kalte Bäder.

Rheuma

Sand-, Moor-, Schlamm- und Thermalbäder wirken wohltuend und heilend. Erkundigen Sie sich hierzu bei Ihrem Hausarzt.

Zu Großmutters Zeiten schlief man gegen Rheumatismus auch auf frischem Farnkraut, das flach in ein feuchtes Tuch gewickelt und alle 10–14 Tage ausgewechselt wurde.

Ring

Wenn ein Ring festsitzt, sollten Sie den entsprechenden Finger mit Seife einschmieren, meistens können Sie danach den festsitzenden Ring problemlos abziehen. Falls Sie mit dieser Methode keinen Erfolg haben sollten, halten Sie die Hand fünf Minuten auf Augenhöhe in eine Schüssel mit eiskaltem Wasser. Anschließend die Hand abtrocknen, mit Talkum einpudern und den Ring abziehen.

In hartnäckigen Fällen hilft folgendes Mittel: Umwickeln Sie den Finger mit einer Mullbinde ganz fest, und halten Sie ihn fünf Minuten lang hoch. Danach die Mullbinde entfernen und den Ring abziehen. Sollte das nicht sofort zum gewünschten Erfolg führen, wiederholen Sie den Vorgang.

Schlaflosigkeit

Jeder, der über einen längeren Zeitraum schlecht schläft, wird früher oder später die unangenehmen Folgen zu spüren bekommen. Diese können sowohl psychischer als auch physischer Art sein. Denn der Mensch benötigt die Nachtruhe, um verbrauchte Kraftreserven wieder aufzufüllen.

Schlaf-losigkeit

Schlaflosigkeit kann viele Ursachen haben: nervöse Spannungen, ein voller Magen, Übermüdung oder Überarbeitung. Als erstes muß der Schlaflose Ruhe finden. Baldriantropfen oder Tabletten auf Baldrianbasis schenken Ruhe und besänftigen die Nerven. Ein Glas warme Milch mit Honig, kurz vor dem Schlafengehen getrunken, macht ebenfalls angenehm müde. Auch ein warmes Fuß- oder Vollbad mit anschließender kalter Dusche erleichtert im Anschluß das Einschlafen.

Häufig hilft ein kurzer Spaziergang vor dem Schlafengehen; nehmen Sie anschließend ein Bad, und trinken Sie ein Glas heißen, beruhigenden Fliederblüten-, Lindenblüten- oder Weißdorntee oder ein Glas Milch. Nehmen Sie abends vor dem Schlafengehen keine üppigen Mahlzeiten mehr zu sich. Meiden Sie vor dem Schlaf jegliche Aufregung, und trinken Sie keinen starken Kaffee. Können Sie trotz aller Empfehlungen keinen Schlaf finden, dann sollten Sie einen Arzt konsultieren.

Schlaf-wandeln

Legen Sie ein nasses Tuch vor das Bett des Schlafwandlers, damit er erwacht, wenn er aufsteht. Auf keinen Fall darf der Schlafwandler mit Gewalt (Rufe oder Berührung) geweckt werden.

Schlafwandeln

Das Schlafzimmer sollte immer gut abgedunkelt sein, denn der Schlafwandler reagiert häufig auf Lichtschein (Mondlicht, Straßenlaternen usw.). In schweren Fällen sollte der Schlafwandler einen Arzt aufsuchen.

Schluckauf

Diese lästige, aber zeitlich meistens begrenzte Anomalie ist häufig die Folge von zu hastigem Essen oder Trinken. Es sind allerdings auch Fälle von sehr langwierigem Schluckauf bekannt. Laut dem ›Guinness Buch der Rekorde‹ hickste ein Amerikaner in Los Angeles zwischen dem 13. Juni 1948 und dem 1. Juli 1956 gut 160 millionenmal hintereinander. Wenn Sie vermeiden wollen, derartige Rekorde aufzustellen, sollten Sie sich folgenden Ratschlag zu Herzen nehmen: tief einatmen, dreimal schlucken, Nase zuhalten und so lange wie möglich den Atem anhalten; zum Schluß, immer noch mit angehaltenem Atem, abermals 4–10mal schlucken. Danach verabschiedet sich der Schluckauf – hoffentlich.

Schnarchen

Zwingen Sie den Schnarcher sanft, sich umzudrehen. Sollte das Schnarchen nach kurzer Zeit wieder einsetzen, legen Sie ihm einen Schwamm mit kaltem Wasser auf den Mund. Der Schnarcher selbst sollte sich angewöhnen, durch die Nase zu atmen.

Schnupfen Wenn Ihre Nase verstopft ist, hilft ein Dampfbad. Gießen Sie dazu kochendes Wasser auf 40 g getrocknete Kamillenblüten (in Apotheken oder in Reformhäusern erhältlich). Leidet man häufiger unter einer verstopften Nase, empfiehlt es sich, ein- oder zweimal täglich eine Nasenspülung mit einer lauwarmen physiologischen Salzlösung vorzunehmen, die man aus einem Eßlöffel Meersalz und 1 l destilliertem Wasser herstellt. Die Anwendung dieser Salzlösung kann allerdings dazu führen, daß Ihre Nasenschleimhaut austrocknet. Einige Tröpfchen Mandelöl helfen Ihnen in diesem Fall weiter.

Schwindelanfälle Schwindelanfälle werden häufig in engen Räumen durch stikkige, sauerstoffarme Luft oder durch zu schnelles Aufstehen ausgelöst. Die betroffene Person sollte sofort in Schocklage gebracht werden, d. h. die Beine hoch (45°) und den Kopf tief legen. Sorgen Sie für Frischluft.

Seekrankheit (Reisekrankheit) Seekrankheit wird durch die Schaukel- oder Rollbewegung eines Schiffes ausgelöst und äußert sich in Schwindelgefühl, Übelkeit, Appetitlosigkeit und Erbrechen. Manche Menschen zeigen diese Symptome auch beim Autofahren oder Fliegen.

Ein altes Hausmittel gegen Seekrankheit empfiehlt, vor Antritt der Fahrt rohen Schinken mit schwarzem, gemahlenem

Pfeffer zu essen. Von Heringsfischern wissen wir, daß sie sich vor Seekrankheit mit frischem Hering und gepreßtem Knoblauch schützen. Saure Gurken oder trockenes Brot, das in Essig getaucht wurde, kann ebenfalls sehr hilfreich sein.

Seekrankheit (Reisekrankheit)

Folgen Sie an Deck (frische Luft) den Bewegungen des Schiffes, und atmen Sie tief ein, wenn das Schiff sich nach vorne neigt, und aus, wenn es wieder hochsteigt. Gleichzeitig sollten Sie einen festen Punkt am Horizont fixieren.

Staubpartikel im Auge

In den meisten Fällen wird das Staubkorn mit der Tränenflüssigkeit herausgespült. Ist dies jedoch nicht der Fall, sollten Sie das Augenlid etwas anheben und versuchen, den Fremdkörper mit der Spitze eines sauberen Taschentuchs zu entfernen oder das Auge mit Wasser zu spülen (das Wasser von der Nase nach außen fließen lassen).

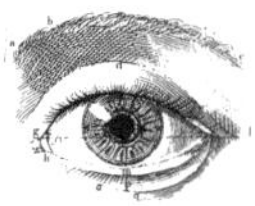

Verbrennungen

Behandeln Sie nur Verbrennungen 1. Grades selbst, d. h. kleinflächige Rötungen der Haut oder kleine Brandblasen. Kühlen Sie die verbrannte Haut möglichst lange unter fließend kaltem Wasser. Das lindert die Schmerzen und kann die Bildung von Brandblasen verhindern.

Bei schweren Verbrennungen (große Oberflächen, offene Wunden) muß der Patient so schnell wie möglich in ärztliche Behandlung.

Verbrennungen Sollten Sie sich Zunge oder Gaumen verbrannt haben, nehmen Sie einen Schluck kalte Vollmilch und bewegen die Milch einige Zeit im Mund. Wiederholen Sie die Prozedur, bis der Schmerz nachgelassen hat. Auch mit einem Eisstückchen im Mund kann man den Schmerz merklich lindern.

Verstopfung Hier einige sanfte und harmlose Abführmittel, die schon zu Großmutters Zeit verwendet wurden: Apfel- und Pflaumenmus, Tamarindensaft, Möhren, Kamillentee, Rizinusöl und Leinöl. Selbstverständlich darf man diese Mittel nicht alle gleichzeitig anwenden.

Darüber hinaus sind viel Bewegung, Wandern, Radfahren, Gymnastik, vor allem Übungen, die die Bauchmuskulatur entspannen, zu empfehlen. Dabei sollten Sie tief und regelmäßig atmen. Essen Sie Vollkorn- und Roggenbrot,und verzichten Sie auf Weißbrot. Kleie, in jeder Form, wirkt verdauungsfördernd, ebenso wie Sauerkraut (roh und gekocht). Trinken Sie reichlich klares, abgekochtes Wasser; einige Gläser vor dem Schlafengehen und einige direkt nach dem Aufstehen.

Wundliegen

Mit einem Hirschfell können Sie das Wundliegen von Bettlägerigen vermeiden. Legen Sie das Fell unter das Bettlaken mit der Haarrichtung zum Fußende unter die Körperstellen, die am stärksten belastet werden. Auch kleinere Stücke Hirschfell unter Ellenbogen und Fersen können bereits zur Erleichterung beitragen. Die betroffenen Körperpartien sollte man zur Vorbeugung hin und wieder mit Glyzerin, Branntwein, Zitronensaft, Kampferextrakt oder mit Branntwein, in dem Quittenkerne eingeweicht wurden, einreiben. Gegen die Schmerzen, die bei längerem Liegen entstehen, hilft schaumig geschlagenes Eiweiß, das man mit Olivenöl verrührt.

Zeckenbiß

Ein Zeckenbiß verursacht eine leicht juckende Schwellung. Drehen Sie das Insekt vorsichtig mit einer Pinzette im Uhrzeigersinn aus der Haut, ohne den Kopf der Zecke abzubrechen. Zekken können schwere Virusinfektionen hervorrufen (z. B. Hirnhautentzündung). Deshalb sollten Sie die betroffene Stelle anschließend unbedingt mit einer Jodtinktur behandeln und einen Arzt aufsuchen.

Kapitel 7

Von der Wiege bis zur Schulbank
Tips von Oma für Mutter und Kind

In vielen Teilen der Welt sind Geburten fast mythische Ereignisse; die Aufregung, der Schmerz und die Gefahr für die entbindende Mutter tragen dazu bei. Und so haben die Menschen zum Teil okkult anmutende Rituale rund um die Geburt entwickelt, die jedoch in den meisten Fällen wenig medizinischen Nutzen haben. In Java zum Beispiel ließ man vor der Geburt zwei junge Kokosnüsse aus dem Sarong einer Schwangeren fallen, und in Japan war es Brauch, daß die Gebärdende ein Stückchen Papier mit dem Bild ihres speziellen Hausgottes schluckte, um die Geburt ungefährlicher und schmerzloser zu gestalten.

Unsere westlichen ›Rituale‹ sind da etwas prosaischer, haben dafür aber medizinisch nachweisbare Resultate zur Folge. So ist zwar die Schwangerschaftsgymnastik weniger poetisch als ein Stückchen Papier oder zwei Kokosnüsse und auch nicht zwingend notwendig, aber trotzdem fast jeder schwangeren Frau zu empfehlen. Sie macht die Schwangerschaft erträglicher und die Geburt weniger schmerzhaft, wenn auch nicht schmerzlos.

Auf den folgenden Seiten erhalten die jungen Mütter nun eine Reihe von Ratschlägen für sich und ihr Kind. Die meisten Hinweise sollten sich aber auch die jungen Väter zu Herzen nehmen – nicht nur als ein Akt allgemeiner Solidarität, sondern weil oft genug wirklich Not am Mann ist; und was für die Geburt selbst gilt, das gilt auch für die Zeit danach!

Die Tips sind recht kurz gehalten; sollten Sie sich für einen gesonderten Aspekt speziell interessieren, möchten wir Sie auf die zahlreichen Veröffentlichungen im Buchhandel verweisen. Wir raten Ihnen dringend dazu, im Umgang mit Babys und Kleinkindern nichts, aber auch gar nichts auf die leichte Schulter zu nehmen und konsequenterweise auch sämtliche in der Literatur empfohlenen Mittel auf ihre chemische Unverfänglichkeit und körperliche Verträglichkeit zu überprüfen. Die einschlägigen Verbraucherschutzorganisationen bieten Interessenten zu diesen Fragen umfangreiches Material.

Stillen oder die Flasche geben?

Flaschennahrung

Zu Großmutters Zeiten war das Stillen bei weitem vorteilhafter als die Flaschennahrung. Die damalige Zusammenstellung der Flaschenmilch entsprach noch nicht der heutigen Qualität, die die Muttermilch vollständig ersetzen kann. Viele Flaschenkinder starben aufgrund dieser unzureichenden Ernährung. Heutzutage bestehen keine so großen Unterschiede mehr, da auch Markenfertignahrung mittlerweile hervorragend zusammengestellt ist (gilt nicht für gezuckerte Tees).

Körperkontakt. Wenn Sie annehmen, daß Ihr Baby beim Füttern weniger Körperkontakt bekommt als ein Stillkind, dann halten oder legen Sie es doch während des Fütterns auf Ihren nackten Körper.

So vergrößert man das Loch im Sauger der Flaschenmilch. Die Sauglöcher müssen oft etwas vergrößert werden, da sie nach dem Auskochen häufig verstopfen. Nichts leichter als das: Man nehme eine Stecknadel mit Kopf (oder stecke die Nadel zur besseren Handhabung in ein Korkenstückchen), erhitze sie und steche mit ihr in das Saugloch. Kurz mit kochendem Wasser nachspülen, und der Schnuller ist wieder gebrauchsfertig.

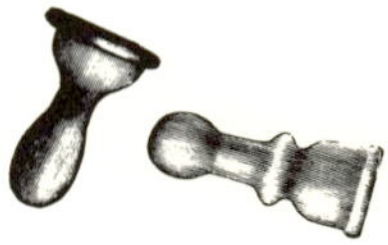

Stillen

Vorteile des Stillens. Wenn Sie Ihr Kind stillen, hat das folgende Vorteile: a) das Baby muß viel länger saugen als bei der Fütterung mit der Flasche (dadurch werden seine Saugreflexe und sein Bedürfnis nach Wärme und Nähe der Mutter gestillt);

b) die Mutter hat die Nahrung stets fix und fertig bei sich; c) das Kind wird immer von einer vertrauten Person gefüttert; und d) die Milch hat kontinuierlich die richtige Temperatur. Darüber hinaus zieht sich während des Stillens die Muskulatur der Gebärmutter zusammen, so daß sie schneller wieder ihre ursprüngliche Größe annimmt. Natürlich müssen Sie darauf achten, daß die Brustwarzen sauber sind, bevor Sie das Baby anlegen. Es gibt dafür zwar spezielle Reinigungsmittel, aber genausogut können Sie Ihre Brustwarzen mit einem Wattebausch und dem ältesten und preisgünstigsten Mittel, das es gibt, reinigen: mit sauberem, abgekochtem Wasser.

Wie halte ich das Kind während des Stillens? Einige Frauen stillen am liebsten im Liegen, die meisten aber sitzen lieber aufrecht.

Bei einer liegenden Haltung können Sie sich mit dem Ellbogen abstützen und Ihr Baby neben sich legen.

Stillen Sie im Sitzen, dann sollten Sie sich auf eine Stuhllehne stützen; falls diese zu niedrig ist, legen Sie einige Kissen darauf. Wichtig ist, daß die Mutter bequem und entspannt sitzt.

Die Nase des Kindes muß stets frei bleiben, damit es atmen kann. Nötigenfalls sollten Sie die Brust mit der Hand ein wenig wegschieben, damit das Näschen nicht zugehalten wird.

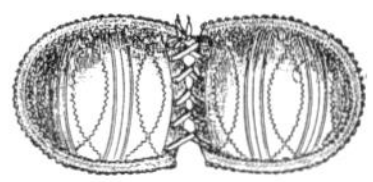

Tragen Sie einen BH. Es empfiehlt sich, während der Stillzeit, wenn die Brüste schwer sind, Tag und Nacht einen Büstenhalter zu tragen, der die Brust stützt.

Stimulierung der Milchproduktion. Es gibt verschiedene Mittel, die Milchproduktion zu steigern; zunächst einmal sollten Sie selbst mehr trinken; dann können Sie Ihr Baby häufiger anlegen, z. B. alle drei Stunden anstatt nach vier Stunden. Bockbier hat ebenfalls eine milchsteigernde Wirkung. Vor allem sollte die stillende Mutter für genügend Ruhe (Mittagsschläfchen!) und Entspannung sorgen.

Abpumpen. Sind die Brüste stark angeschwollen und schmerzen, darf man nur soviel Milch abpumpen, daß der erste Druck genommen ist, aber nicht mehr! Pumpen Sie zuviel Milch ab, dann wird dadurch die Milchproduktion noch stimuliert. Sie können Ihr Baby auch kurz anlegen, aber nicht länger als eine Minute, da auch dies sonst zu einer Milchsteigerung führt.

Abstillen. Möchten Sie mit dem Stillen aufhören, dann sollten Sie über einen längeren Zeitraum (ca. 6 Wochen) immer häufiger beifüttern, statt zu stillen, und so die Muttermilch durch Flaschennahrung allmählich ersetzen. Auf diese Weise können Schwellungen der Brust und schmerzhafte Knötchen vermieden werden. Falls die Mutter plötzlich mit dem Stillen aufhören muß, sollte sie ihren Arzt konsultieren, der ihr spezielle Medikamente verschreiben kann.

Auf jeden Fall sollte die Mutter beim Abstillen möglichst wenig trinken und einen festen Büstenhalter tragen. Ein Eisbeutel auf der Brust lindert eventuelle Schmerzen.

Beschwerden bei Kleinkindern

Bettnässen

Bettnässen stellt bei Kindern meist eine Reaktion auf äußere Ereignisse dar. Sie können selbst nichts dafür. Deshalb sind Strafen völlig unangebracht, und mit Liebe und Geduld erreichen Sie viel mehr.

Bei kleinen Bettnässern hat man es meist mit lebhaften, sensiblen Kindern zu tun, die sich ungerecht behandelt fühlen, oder mit Kindern, die an einer Erkrankung der Blase, der Nieren oder der Harnwege leiden. Scharfe (z. B. gepfefferte) und saure Speisen und Getränke sollten dann gemieden werden.

Einige Eltern verbieten ihren Kindern, während und nach dem Abendessen zu trinken; man wird aber feststellen, daß die Kinder ausgerechnet dann schrecklichen Durst bekommen. Auch wenn Sie Ihr Kind nachts aufwecken und auf die Toilette schicken, wird sich seine Unsicherheit nur noch verstärken.

Am besten erzählen Sie Ihrem Kind, daß sehr viele Kinder Probleme mit dem Bettnässen haben und daß Sie als Eltern völlig davon überzeugt sind, daß das Kind auf Dauer bestimmt nachts trocken bleibt. Geduld und Wärme sind bei diesem Problem von essentieller Bedeutung.

Dauert das Bettnässen über einen längeren Zeitraum an, sollten Sie einen Arzt hinzuziehen.

Milchschorf

Milchschorf ist ein Belag aus Hauttalg und Schuppen auf dem Kopf, um und an der Fontanelle des Kindes.

Eine Behandlung ist relativ einfach. Tragen Sie abends etwas Fett oder Öl auf den Milchschorf auf, und waschen Sie es am nächsten Morgen mit warmem Wasser wieder ab; eventuell müssen Sie die Schuppen mit einem kleinen Stück Pappe vorsichtig entfernen. Falls nötig, wiederholen Sie die Behandlung mehrmals.

Wenn sich der Zustand nicht verbessert, sollten Sie den Kinderarzt informieren, da es sich auch um eine Hautkrankheit handeln könnte.

Windelausschlag

Es handelt sich hierbei um eine Entzündung der Babyhaut an Stellen, die meist durch Windeln bedeckt sind. Die Haut ist gerötet und wirkt feucht; bei schweren Entzündungen entstehen Wunden. Sie sollten den Po dann nicht mehr mit Wasser reinigen, sondern mit einem Wattebausch und Babyöl (Oliven- oder Salatöl ist genausogut).

Die Windeln sollte man regelmäßig wechseln und auf Plastikhöschen verzichten, solange die Entzündung nicht abgeheilt ist.

Gefahren für Ihr Kind

Daumenlutschen

Daumen- oder Fingerlutschen kann zu einer Verformung des Oberkiefers führen und die Finger verunstalten. Spezielle Beruhigungsschnuller sind die bessere Alternative.

Elektrizität

Da Steckdosen auf Kinder eine magische Anziehungskraft ausüben, sollten Sie diese Gefahrenquelle absichern, indem Sie die Steckdosen mit speziellen Einsätzen versehen, die die Öffnungen zu den stromführenden Leitungen verdecken. Denn Kinder stochern nicht nur mit den Fingern in den Steckdosen herum, sie versuchen auch, alle möglichen Gegenstände (Stricknadeln, kleine Stöcke etc.) hineinzustecken. Die Folgen sind fatal. Auch eingesteckte Stromkabel und Verlängerungsschnüre sollten in den Zimmern tabu sein, in denen sich ein Kind aufhält. Setzen Sie Ihr Kind in den Laufstall, solange Sie mit Tätigkeiten beschäftigt sind wie Bügeln, Staubsaugen, Reparieren elektrischer Geräte usw.

Fingernägel

Viele Säuglinge haben schon recht schnell lange und scharfe Fingernägel, mit denen sie sich das Gesicht zerkratzen.

Vielleicht versuchen Sie einmal, die Nägel zu schneiden, wenn das Kind schläft. Seien Sie aber sehr vorsichtig, damit das Nagelbett nicht verletzt wird. Sie können auch die Ärmel des

Fingernägel Babyjäckchens um die kleinen Hände des Kindes schlagen. Ziehen Sie Ihrem Kind auf keinen Fall Plastikhandschuhe an: Es könnte sich darauf legen, sie in den Mund bekommen und daran ersticken.

Freistrampeln Viele Eltern stecken ihr Kind nachts in einen Haltegurt, weil es sich immer freistrampelt. Die Gefahr, daß der Gurt sich verheddert, ist jedoch viel größer. Auch vom Gebrauch sogenannter Lakenklemmen (oder Stoffbänder), mit denen die Decke am Bettchen befestigt wird, ist dringend abzuraten, denn falls das Kind unter die Decke gerät, kann es sich nicht mehr befreien. Es gibt heutzutage dicke Flanellanzüge, die Sie als Schlafanzug verwenden können. Sollte sich das Kind dann wirklich freistrampeln, wird es wenigstens nicht kalt. Besonders empfehlen sich auch Schlafsäcke; die Kinder können sich darin relativ frei bewegen, aber nicht freistrampeln.

Gitter Ein Gitter am oberen Ende einer Treppe verhindert, daß Ihr Kind die Stufen hinunterpurzelt. Das Schloß muß allerdings auf der Treppenseite sitzen, denn bereits etwas ältere Kinder entwickeln eine enorme Geschwindigkeit im Öffnen von Schlössern, wenn diese sich auf ihrer Seite befinden. Mit einem Gitter vor der Küche halten Sie einerseits Ihr Kind davon ab, während des Kochens in die Küche und damit in die Nähe von bestimmten Gefahrenquellen zu krabbeln (u. a. kochendes Wasser, heiße Töpfe und Pfannen), können aber andererseits beobachten, was Ihr Kind gerade macht, und sich weiter mit ihm unterhalten.

Gitter

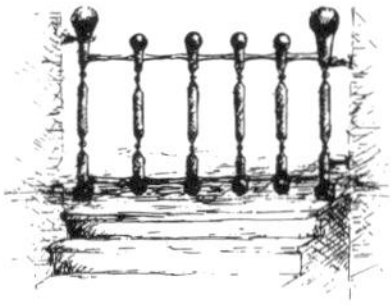

Haltegurt

Obwohl es unterschiedliche Meinungen darüber gibt, vertrete ich die Ansicht, daß man Kleinkinder am besten an einem Gurt mit einer langen Hundeleine (also genügend Freiraum) laufen läßt. Diese kleinen Lebewesen sind in ihrem Verhalten und in ihrer Reaktion unberechenbar, und manches Kleinkind hat sein Leben verloren, als seine Mutter es kurz losließ, um beispielsweise den Schlüssel zu suchen, wobei das Kind auf die Straße rannte und unter ein Fahrzeug geriet. Auch in großen Warenhäusern – in denen Kleinkinder urplötzlich verschwinden können – ist eine solche Leine unbezahlbar. Man kann sie auch leicht und preisgünstig selbst herstellen: Fertigen Sie aus Leinen einen Gürtel, der mit einer Schnalle versehen ist. An diesem Gürtel befestigen Sie vorne zwei Schulterriemen mit einem Verbindungssteg und kreuzen die Riemen auf der Rückseite durch einen Ring (oder verbinden Sie sie mit einem Querband), an dem Sie dann die Leine einhaken.

Laufstall

Ihr Kind sollte im Laufstall keine Hemdchen mit Kordel tragen, da sich die Kordel am Schloß des Laufstalls verfangen und das Kind erwürgen könnte. Unglücke dieser Art passieren leider trotz aller Warnungen immer noch.

Kinderarzt Nehmen Sie, insbesondere bei Kleinkindern und Babys, kein Krankheitssymptom auf die leichte Schulter, und konsultieren Sie im Zweifelsfall lieber gleich den Kinderarzt. Zuvor sollten Sie sich die Symptome Ihres Kindes und Fragen, die Sie stellen möchten, aufschreiben. Und vergessen Sie nicht, vor dem Arztbesuch bei Ihrem Kind Fieber zu messen.

›Kinderausweis‹ Es ist keine Seltenheit, daß Kinder im Kaufhaus, im Zoo oder auf großen Festveranstaltungen verlorengehen. Sie zu finden, gestaltet sich besonders schwierig, wenn sich die Kleinen noch nicht selbst mitteilen können. Eine große Hilfe in solch einer Situation kann ein ›Kinderausweis‹ in Form eines Armbandes oder eines Anhängers mit dem eingravierten Namen, Adresse und Telefonnummer sein.

Kissen Geben Sie Ihrem Kind niemals ein Kissen in die Wiege, denn das Baby könnte darunter ersticken.

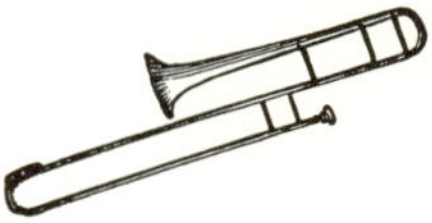

Lärm Vermeiden Sie Lärm. Verzichten Sie auf Gespräche am Bettchen des schlafenden Babys und auf anderen Lärm im Kinderzimmer; das Kind wird sonst unruhig.

Plastik

Achten Sie darauf, daß Sie alle Plastiktüten immer sorgfältig wegräumen, und lassen Sie Ihr Kind niemals mit Plastikgegenständen spielen. Das ist lebensgefährlich: Zum einen kann der Magen Plastik nicht verdauen, und zum anderen kann das Kind an einer über den Kopf gestülpten Plastiktüte ersticken.

Rauchen

Eigentlich sollte in einem Haus mit einem Baby überhaupt nicht geraucht werden, auf jeden Fall nicht im Kinderzimmer; und wenn sich das Kind mit seinem Laufstall im Wohnzimmer befindet, sollte auch dort nicht geraucht werden.

Spinat

Portionieren Sie beim Kochen den Spinat für Ihre Kinder so, daß möglichst wenige Reste übrigbleiben, denn Spinat sollten Sie wegen des dabei entstehenden giftigen Nitrits nicht aufwärmen.

Verschlucken

Babys und Kleinkinder sollten grundsätzlich nicht im Liegen essen oder trinken, um zu vermeiden, daß sie sich verschlucken. Sollte sich Ihr Kind trotz aller Vorsichtsmaßnahmen dennoch einmal derart verschlucken, daß etwas in die Luftröhre gerät, dann packen Sie es so schnell wie möglich an den Beinen, halten es mit dem Kopf nach unten und schlagen ihm kräftig auf den Rücken.

Zigaretten Wußten Sie, daß schon eine einzige aufgegessene Zigarette für ein Kleinkind Lebensgefahr bedeutet? Bewahren Sie Ihre Zigaretten deshalb immer außer Reichweite von Kindern auf.

Alltag in der Kinderstube

Bilderleisten Kinder sind von einem bestimmten Alter an äußerst kreative Geschöpfe mit einem unbändigen Drang, ihre Phantasien mit Pinsel oder Stift auf Papier zu bannen. Entspricht man ihrem Wunsch, die kleinen Meisterwerke aufzuhängen, sollte man sich vergegenwärtigen, daß Nägel und Heftzwecken in entsprechender Anzahl der Ruin einer jeden Tapete sind. Eine einfache Metalleiste ist die Lösung des Problems. Befestigen Sie die Leiste an einer Wand des Kinderzimmers. Mit einfachen Magnetknöpfen können Sie dann die Bilder Ihrer Kleinen befestigen und jederzeit problemlos austauschen.

Handtuchaufhänger Kinder neigen dazu, Handtücher von ihrem Haken zu reißen, was meist zur Folge hat, daß entweder der Haken aus der Wand oder der Handtuchhalter reißt. Ein Gummiband mit Klipverschluß läßt sich einfach anbringen und kann nicht reißen. Sie können solche Gummibänder in jedem Haushaltswarengeschäft kaufen.

Kinderhosen

Achten Sie beim Kauf von Kinderhosen darauf, daß sie im Bund durch Knöpfe in der Weite verstellbar sind und von innen gegengefütterte Hosenbeine zum Umschlagen haben. Aus einer solchen Hose wird Ihr Kind nicht so schnell herauswachsen.

Kinderschuhe

Achten Sie beim Kauf von Kinderschuhen darauf, daß sie aus natürlichen Materialien bestehen. In solchen Schuhen können die Füße besser ›atmen‹ und neigen nicht so schnell zu übermäßiger Schweißbildung. Abgestoßenen und fleckigen Schuhspitzen bei Lederschuhen verhelfen Sie zu neuem Farbglanz, indem Sie mit feinem Schmirgelpapier die Lederoberfläche anschmirgeln, anschließend dick mit farbiger Schuhcreme einreiben und nach einiger Zeit mit einer Bürste polieren.

Kindersicherungen

Für Schubladen, Kühlschrank- und Schranktüren gibt es im Fachhandel spezielle Kindersicherungen. Die Fenstergriffe im Kinderzimmer sollten nach Möglichkeit abziehbar sein oder spezielle Sicherheitsvorrichtungen haben.

Künstliches Licht Mit einem Dimmer und einem bunten Lampion, den Sie um die Glühlampe des Kinderzimmers hängen, können Sie künstliches Licht dämpfen und eine angenehmere Stimmung erzeugen.

Warme Milch Milch ist ein wichtiger Nährstoffträger für Kinder. Die beim Erkalten der Milch entstehende Haut ist allerdings oft der Grund für die von massivem Protest begleitete Weigerung der Kleinen, die Milch auch zu trinken. Lassen Sie die heiße Milch in einem kalten Wasserbad unter ständigem Rühren abkühlen, bis sie die richtige Trinktemperatur hat. So verhindern Sie, daß sich die unbeliebte Haut bildet.

Mückenstiche Kinder, vor allem Babys und Kleinkinder, können besonders unter Mückenstichen leiden. Ein paar Tropfen Nelken- oder Eukalyptusöl, in einem Schälchen im Kinderzimmer aufgestellt oder auf der Bettwäsche verteilt, halten die stechenden Plagegeister fern.

Seifenblasen Kein Kind, das nicht begeistert wäre von bunten Seifenblasen, und die Zutaten dafür finden sich in jedem Haushalt. Sie benötigen lediglich einen Becher Wasser, ein paar Tropfen Spülmittel und einen Strohhalm zum Blasen.

Strickpullover

Wenn Sie Kinderpullover oder -jacken stricken, sollten Sie die Ärmel am besten von der Armkugel an nach unten stricken. So können Sie bei zu kurz gewordenen Ärmeln einfach die Maschen am Bündchen wiederaufnehmen und die Ärmel verlängern.

Imprägnieren

Legen Sie Wollhandschuhe oder auch Baumwolljacken (z. B. Jeansjacken) Ihrer Kinder für mehrere Stunden in essigsaure Tonerde, und hängen Sie anschließend die Bekleidungsstücke ungespült zum Trocknen auf. Bei der nächsten Schneeballschlacht werden es Ihnen die Sprößlinge danken.

Kapitel 8

Rosmarin, Thymian, Salbei und Dill
Kräuter als Quelle der Gesundheit

Man mag an die Heilkraft von Kräutern glauben oder nicht, aber die Erfahrung, daß Kräuter der Gesundheit des Menschen zuträglich sind, ist beinahe so alt wie die Menschheit selbst. Der Umstand, daß die Kenntnisse unserer Großmütter von Kräutern, deren Wirkung und Anwendung mit dem Einzug der Chemie in die medizinische Heilkunde mehr und mehr in Vergessenheit gerieten, ist eine der vielen Fehlentwicklungen moderner Zeiten, die es zu korrigieren gilt. Tatsächlich scheint die Einsicht, daß die Behandlung mit Naturheilmitteln kein fauler Voodoozauber ist, mehr und mehr um sich zu greifen, und das mag darauf zurückzuführen sein, daß jeder, auch der ungläubigste Thomas , die heilende Wirkung von Kräuterrezepturen am eigenen Leib erfahren kann.

Hält man beispielsweise sein Haupt über einen Topf mit heißem Kamillenblütensud, so wird man überraschend wohltuende Erfahrungen machen: Verspannungen lösen sich, Kopfschmerzen lassen nach, Rachen und Nase werden frei, Depressionen und Übellaunigkeit weichen – mit anderen Worten: es wirkt!

Solche und ähnliche Ergebnisse kann man mit der Anwendung von Kräutern erzielen – und deshalb haben wir den folgenden Katalog zusammengestellt. Es handelt sich dabei um altüberlieferte Kenntnisse aus dem reichhaltigen Erfahrungsschatz von Nonnen und Mönchen, die bekanntlich viele Gelegenheiten zum Experimentieren mit den Extrakten ihrer Kräutergärten hatten, aber auch von Bauern und Hirten, die ihre Tiere bei Selbstheilungen beobachten konnten (Tiere wissen instinktiv, welche Pflanzen bei bestimmten Erkrankungen helfen).

Pflanzliche Stoffe enthalten viele Elemente, die wir zur Stärkung unserer Gesundheit benötigen. Man denke nur an Natrium, Kalzium, Kalium, Magnesium, Kieselsäure, Eisen, Phosphorsäure, Brom, Chlor, Jod, Mangan, ganz zu schweigen von Vitaminen. Man muß bei diesen Stoffen allerdings darauf achten, daß sie auf die richtige Weise und in der angemessenen Dosierung eingenommen werden.

Natürlich können gekaufte Kräuter verwendet werden; schöner wäre es allerdings, wenn Sie die Pflanzen selbst züchten, ernten und trocknen könnten – falls Sie Platz in Ihrem Garten und Zeit dazu haben. Kräuter sollte man während der Blütezeit pflücken, da dann die Wirkstoffe am besten entwickelt sind. Trocknen Sie die Pflanzen ausschließlich im Schatten, da direkte Sonneneinstrahlung ihnen zuviel von ihrer Kraft und ihrem Aroma entzieht. Blüten und kleinere Blätter kann man in kleinen, luftdurchlässigen Säckchen (z. B. aus Tüll) aufhängen, größere Blätter befestigt man am besten an einem Draht und läßt sie (z. B. auf dem Speicher) vollständig trocknen. Die Blüten und Früchte von Kamille, Minze, Salbei, Lavendel u. ä. sollten vom Stengel abgerupft und mit den zerriebenen Blättern, Wurzeln und Rinden in gut verschließbaren Glasgefäßen aufbewahrt werden.

Einen Aufguß, den wir im folgenden häufiger erwähnen werden, bereitet man folgendermaßen zu: Wärmen Sie eine Kanne mit kochendem Wasser gründlich vor, gießen Sie das Wasser ab, und geben Sie pro Tasse einen Eßlöffel getrocknete Kräuter in die Kanne. Anschließend gießen Sie die Kräuter mit kochendem Wasser ab und lassen sie zehn Minuten unter einer Teemütze ziehen, so daß die Wirkstoffe sich richtig entfalten können. Wohl bekomm's!

Anis Anissamen ist reich an Eisen und ätherischen Ölen, die bei Magen- und Darmverstimmungen sowie bei Erkrankungen der Atemwege eine wohltuende Wirkung entfalten. Lassen Sie Anissamen einige Zeit in heißer Milch ziehen, oder nehmen Sie einfach einen Teelöffel Anisöl in einem Glas warmer Milch zu sich.

Basilikum Basilikum ist eine Kräuterpflanze mit nervenstärkenden Wirkstoffen. Man kann Basilikum als Tee gegen Keuchhusten und Erkrankungen der Nieren und Blase zu sich nehmen oder als aromatisches Gewürz für Salate, Suppen und andere Speisen verwenden. Mit Rosmarin vermischt, ist Basilikum zum Würzen von Fleisch und Suppen ein vollwertiger Pfefferersatz.

Basilikum

Getrocknete und pulverisierte Blätter des Basilikum haben sogar als Badezusatz eine nervenstärkende Wirkung.

Rote Bete

Rote Bete ist als Rohkost eine Quelle der Gesundheit. Der Saft hat blut- und gewebeerneuernde Eigenschaften, stärkt die körpereigene Widerstandskraft gegen Krankheitserreger und hilft bei Nierenleiden. Mit Karotten- und Tomatensaft verrührt, ist Rote Bete ein hervorragendes Stärkungsmittel bei Grippe und Erkältung.

Birke

Birkensaft ist reich an Kieselsäure und beugt Nierensteinen vor. Er wirkt heilend bei Nieren- und Blasenentzündungen, chronischen Ekzemen, Gicht und Rheuma.

Den Saft gewinnt man (Mitte März bis Anfang April), indem man die Spitzen kleiner Birkenzweige anschneidet und über die Zweigenden eine Flasche stülpt, die den Saft auffängt.

Bohnenkraut

Bohnenkraut wird schon seit Jahrhunderten als Heilpflanze gegen Durchfall und Magenkrämpfe gepriesen. Es schmeckt hervorragend zu Wirsingkohl, grünen Bohnen, Kartoffelsuppe und Fleisch.

Brennessel Die Brennessel wird leider immer noch nicht gebührend als Heilkraut geachtet, sondern ist vielmehr als lästiges Unkraut geächtet. Doch Sie sollten sich über Ihre ›Berührungsängste‹ hinwegsetzen, denn tatsächlich ist die Brennessel eine der heilkräftigsten Pflanzen, die uns die Natur bietet. Bei allgemeiner körperlicher Schwäche, Frühjahrsmüdigkeit, chronischen Infektionskrankheiten, bei Entzündungen der Atemwege und der Lymphgefäße, bei Verdauungsstörungen und Nierenleiden (harntreibend) und bei schwachen Nerven können die in Brennesseln enthaltenen Wirkstoffe für Linderung und Besserung sorgen. Die im Frühjahr zwischen den Stengeln wachsenden Sprößlinge besitzen besondere Heilkraft. Würzen Sie mit den gewaschenen und im Mixer zerkleinerten Brennesseln Suppen, Saucen oder Gemüse. Getrocknete Blätter lassen sich auch zu einem Tee aufbrühen.

Dill Tee mit Dillsamen wirkt harntreibend und muskelentspannend und ist gut gegen Magenschmerzen und Blähungen. Außerdem fördert Dill den Milchfluß bei stillenden Müttern. Zerkaute Dillsamen beseitigen selbst den stärksten Mundgeruch und sind deshalb nach dem Genuß von Knoblauch zu empfehlen.

Dill läßt sich bei der Zubereitung von Saucen, Salaten, Kräuterbutter und besonders Fisch verwenden. Die Blüten und Fruchtdolden eignen sich zum Einlegen von Gurken.

Estragon

Estragon ist ein ursprünglich aus Sibirien stammendes Kraut, das lange gegen Rheuma, Gicht und Skorbut angewandt wurde. Estragon verhindert Blähungen und Magenübersäuerung. Unabhängig von seiner Heilkraft hat Estragon die internationale Küche erobert und wird zum Würzen von Ragouts, Geflügel und Salat verwendet.

Fenchel

Fenchel enthält Wirkstoffe, die gegen Keuchhusten, Asthma und andere Erkrankungen der Atemwege sowie gegen Magenerkrankungen helfen. Diese Pflanze besitzt einen außergewöhnlichen Geschmack und ist deshalb auch in der Küche für die Zubereitung von Suppen, Saucen und Salaten sehr beliebt.

Honig

Als Nahrungs- und Heilmittel findet Honig seit Jahrtausenden Verwendung. Die Gründe dafür liegen auf der Hand: Honig entfaltet mit seinen Wirkstoffen beim Menschen nicht nur die unterschiedlichsten Heilkräfte, sondern er schmeckt darüber hinaus auch ausgesprochen gut.

Honig In warmer Milch verrührter Honig wirkt schlafffördernd. Bei Rheuma, Halsentzündungen und Husten lindert er die Schmerzen und fördert den Heilprozeß. Seine antiseptischen Eigenschaften machen Honig außerdem zu einem geeigneten Heilmittel gegen Magen- und Darmverstimmungen.

Die meisten von Ihnen werden Honig nur als Brotaufstrich oder als die gesündere Alternative zum Zucker für das Süßen von Tee, Kaffee, Kakao oder Obst kennen. Honig kann aber mit etwas Phantasie auch ein Bestandteil ausgesprochen gesunder und schmackhafter Cocktails und Shakes sein. Hier drei Rezepte:

Milchshake: Verquirlen Sie in einem Glas Orangensaft 2 Löffel Milch und 1 Löffel Honig.

Cocktail: In einem Cocktailshaker ein Glas Ananassaft, 1 Löffel grob gemahlene Nüsse, 1 Löffel Bierhefe, 1 Löffel Honig und 10 Blaubeeren gut durchschütteln.

›Copacabana‹: Verrühren Sie in einem Glas Ananassaft 1 Löffel Milch, 1 Löffel Honig und eine zerdrückte Banane.

Kamille Kamillentee hat eine wohltuende Wirkung bei Magen- und Darmverstimmungen. Gegen Erkältungen und Stirnhöhlenentzündungen hilft ein Dampfbad mit Kamillenblüte. Gießen Sie kochendes Wasser in eine Schüssel mit mehreren Löffeln Kamillenblüten, und inhalieren Sie den Dampf unter einem Handtuch.

Kerbel

Kerbel besitzt blutreinigende, blutdrucksenkende und harntreibende Eigenschaften. Getrockneter Kerbel kann zu Tee aufgebrüht werden.

Knoblauch

Knoblauch ist eine der ältesten Würz- und Heilpflanzen, die bereits in der Bibel und im Sanskrit als solche erwähnt wird. Knoblauch senkt den Bluthochdruck, regt Leber, Galle und die Verdauungsorgane an, fördert die allgemeine Durchblutung und baut Blutfette ab.

In der Küche läßt er sich vielfältig einsetzen: Sie können gepreßten Knoblauch bei der Zubereitung von Fleisch und Fisch, Suppen und Saucen verwenden oder Ihre Salatschüssel mit einer Zehe einreiben.

Koriander

Koriander ist ursprünglich im mittleren Orient beheimatet und dient als Aromaverstärker für verschiedene Speisen. Koriander gilt als krampflösende und magenstärkende Ingredienz, die auch Blähungen vorbeugt.

Kümmel Kümmel gilt als die älteste Kräuterpflanze Europas. Mit seinen ätherischen Ölen hilft er gegen Magenleiden und Blähungen. Da die Samenkörner ausgesprochen würzig schmecken, verwendet man sie bei der Zubereitung von Fleisch, Gemüse, Käse oder als Brotgewürz.

Lavendel Lavendeltee beruhigt die Nerven, wirkt besänftigend auf Magen und Darm und lindert Kopfschmerzen. Wenn Sie die Blätter in einem Leinensäckchen ins heiße Badewasser hängen, entfaltet sich nicht nur eine herrliche Duftnote, sondern gleichzeitig stärken Sie Ihre Widerstandskraft gegen Erkältungen.

Majoran Majoran besitzt schleimlösende Wirkstoffe und fördert die Genesung bei Katarrhen. Majorantee wirkt harntreibend und reinigt die Nieren. In der Küche sind seine Anwendungsmöglichkeiten zum Würzen von Fleisch, Fisch, Geflügel, Hülsenfrüchten, Eiern und Tomaten sehr vielfältig.

Meerrettich

Meerrettich kommt aus Südeuropa, kann aber auch in unseren nördlichen Breitengraden angepflanzt werden. Er besitzt antibiotische Eigenschaften gegen Infektionen der Nieren und Atemwege sowie Entzündungen der Mund- und Rachenhöhle. Regelmäßiger Genuß von Meerrettich stärkt die Widerstandskraft gegen Erkältungen und hilft gegen Rheumaleiden.

In der Küche sollte er wegen des intensiven Geschmacks nur in kleinen Mengen verwendet werden.

Petersilie

Petersilie wird in der Küche wegen ihres Geschmacks und als Vitamin-C-Spender gerne verwendet. Nur wenige wissen, daß dieses uralte Kraut schon bei den Griechen als Heilpflanze galt, bei Magen-, Nieren- und Blasenentzündungen die Widerstandskräfte aktiviert und den Stoffwechsel anregt.

Pfefferminze

Pfefferminztee hilft gegen Magenverstimmung und wirkt beruhigend auf den gesamten Organismus. Das in der Pfefferminze enthaltene Menthol lindert Kopfschmerzen.

Rosmarin

Rosmarin ist von alters her ein bekanntes Heilmittel gegen Magen-, Leber- und Nierenleiden und gegen rheumatische Beschwerden. Darüber hinaus zählt Rosmarin zu den besonders herzstärkenden Kräuterpflanzen. Fleisch und Fisch sollte man noch vor dem Braten mit getrocknetem Rosmarin würzen. Frische Salate, Suppen und Saucen können Sie mit eingeweichtem Rosmarin geschmacklich abrunden.

Salbei Salbei wirkt aufgrund seines hohen Gehaltes an ätherischen Ölen gegen Infektionen und Entzündungen aller Art. In der Kräuterheilkunde dient Salbei besonders zur Behandlung von Infektionen der Atemwege. Das Gurgeln mit Salbeitee hilft deshalb besonders bei Halsentzündungen. Darüber hinaus stärkt das Kraut Leber, Nieren, Darm und Lunge.

Frisch oder getrocknet findet Salbei bei der Zubereitung von Wild, Hammelfleisch, Fisch, Schweinebraten und Kräutersaucen wegen des intensiven Geschmacks nur sparsame Verwendung. Es zählt u. a. zu den sieben Aalkräutern.

Sellerie Sellerie ist eine sehr alte Gemüse- und Gewürzpflanze und wird seit Jahrhunderten im Mittelmeerraum verwendet, von wo aus sie im frühen Mittelalter ihren Weg in unsere Breiten nahm. Sellerie – vor allem Staudensellerie – wirkt stark entwässernd, kräftigt die Magenwände, hilft bei Gicht und verhindert die Bildung von Blasen- oder Nierensteinen.

Thymian Thymian enthält viel Eisen und Kalzium. Er wirkt auf Magen und Atemwege entkrampfend und empfiehlt sich wegen seiner hustenlösenden und antiseptischen Wirkstoffe besonders bei Erkältungen.

Kartoffelgerichte, Saucen, Ragouts, Braten, Wild und Pizza erhalten mit Thymian einen pikanten Beigeschmack.

Wacholderbeeren

Getrocknete Wacholderbeeren regen den Appetit und die Tätigkeit des Magens an, außerdem wirken sie entwässernd, sind gut für die Nieren und helfen sogar gegen Kopfschmerzen.

Wenn Sie die Nadeln des Wacholderbaumes auskochen, erhalten Sie einen Extrakt, der als Badezusatz bei Gicht und Rheuma schmerzlindernde Wirkung entfaltet.

In der Küche steigern Wacholderbeeren Geschmack und Bekömmlichkeit von Wildgerichten, Schweinebraten, Sauerkraut und Kohlgemüse.

Zitrone

Bei Grippe und Erkältung kann man auf die Zitrone als Vitamin-C-Quelle kaum verzichten. Bei täglicher Anwendung reinigt der Saft das Blut von Giftstoffen, kräftigt die Lymphgefäße und beugt Asthma, Arterienverkalkung, Migräne und Sodbrennen vor.

Zitronenmelisse

Zitronenmelisse eignet sich besonders gut als Beruhigungstee vor dem Schlafengehen.

Kapitel 9

Wie man in der Küche schaltet und waltet
Kochrezepte und Küchentips

Gehören Sie jener Verbrauchergruppe an, die sich von einem Fast-Food-Klops auf Plastikteller zu ekstatischen Beifallsstürmen herausfordern läßt? Wenn ja, dann widmen Sie dem folgenden Kapitel Ihre besondere Aufmerksamkeit, sollten doch gerade Sie dringend eines Besseren belehrt werden. Gleiches gilt aber auch für jene, die aus Überzeugung und ausgestattet mit dem nötigen Kleingeld Abend für Abend das Menü eines Vier-Sterne-Restaurants einer gesunden und preisbewußten Do-it-yourself-Küche vorziehen.

Da die Wahrscheinlichkeit, daß Sie zu der Spezies Mensch gehören, für die Geld keine Rolle spielt, sehr gering ist, haben wir die folgenden Rezepte und Kochtips nicht nur nach ihrer Bekömmlichkeit, sondern auch nach der Bezahlbarkeit der Zutaten ausgesucht. Und in der Tat ist es erstaunlich, wieviel man mit wenig Mitteln erreichen kann. An Gewürzen allerdings sollte man nicht sparen – wir leben schließlich nicht mehr im Mittelalter, als etwa Pfeffer noch eine Luxusware darstellte. Im Gegenteil, diesbezüglich mangelt es uns an nichts (von Trüffeln und Safran abgesehen), alles Wünschenswerte steht uns zur Verfügung – Gewürze und Kräuter sind für eine schmackhafte Küche bekanntlich das Salz in der Suppe.

Küchentips

Apfelsinenschalen Getrocknete Apfelsinenschalen sind eine außerordentlich aromatische Zutat zum Kochen und Backen. Raspeln Sie die Schale von ungespritzten Apfelsinen, nachdem Sie den weißen Belag auf der Innenseite entfernt haben, und trocknen Sie die Schalenstücke im Backofen. So lassen sie sich für lange Zeit in einem verschließbaren Glasgefäß aufbewahren. Bevor sie dann bei der Zubereitung von Gebäck, Kuchen, Fleisch und Wild Verwendung finden, müssen sie jedoch einige Zeit in Wasser eingeweicht werden.

Beizen Fleisch, Wild und Geflügel entfalten durch Beizen einen intensiven Eigengeschmack. Bei der Herstellung der Beizen kann man alle Phantasie walten lassen, und der feine Gaumen wird überrascht feststellen, daß man später alle Ingredienzien wieder herausschmeckt. Je zäher das Fleisch, desto wichtiger wird die Beize. Hier einige Vorschläge und Anregungen:

Buttermilch, Sauermilch oder Rotwein wirken schon per se beizend; wird Fleisch darin über Nacht eingelegt, ist es am nächsten Tag garantiert zart. Da Sauer- oder Buttermilch sich schlecht würzen lassen, sollten Sie für eine kräftige Beize Wein vorziehen. Nehmen Sie billigen Kochwein, roten für Fleisch, weißen für Geflügel oder Fisch. Mit Zutaten wie ganzen Schalotten, kleingeschnittenen Zwiebeln und Gewürzen nach Wahl (Thymian- oder Rosmarinzweige, Estragonblätter, Knoblauch, Lorbeerblätter, Wacholderbeeren, Muskat) sowie (je nach Bedarf) einem kräftigen Schuß Whisky, einer halben Tasse Calvados oder einem Eßlöffel Sojasauce erhalten Sie eine ausge-

Beizen

sprochen pikante Marinade. Alkohol wie auch Soja- oder Würzsauce machen die Beize schärfer und damit das Fleisch zarter. Die Beize wird bis auf einen Rest abgeschüttet, mit dem man die Bratensauce aufbaut. Rühren Sie Bratensaft und Beizenrest mit Sahne, Crème fraîche oder Joghurt an. So werden die Marinadezutaten zum geschmacklichen Mittelpunkt der Sauce, die nicht zu dünn werden sollte. Bei Steaks, Schnitzeln oder Lummerkoteletts erfüllt auch eine mehrstündige Marinade aus Essig und Öl ihren Zweck.

Saftiges Bratenfleisch

Wenden Sie das Bratenfleisch zu Beginn von allen Seiten im heißen Fett. Dadurch schließen sich die Poren, und Ihr Braten bleibt saftig.

Birnen und Äpfel

Geschnittenes Obst verfärbt sich schnell. Legen Sie das Obst in Wasser mit Zitronensaft – dazu ein paar Eiswürfel, schon haben Sie eine frische Obstschale.

Wenn Kernobstsorten wie Birnen, Pflaumen, Pfirsiche, aber auch Tomaten noch nicht reif genug sind, wickeln Sie die Früchte zusammen mit einem reifen Apfel luftig in eine Zeitung, die man an einigen Stellen durchsticht. Die vom reifen Apfel entwickelten Gase lassen die anderen Früchte schneller nachreifen.

Eier

Wenn Ihnen Eigelb beim Einrühren in Saucen oder Suppen gerinnt, ist das ein Zeichen dafür, daß es sich vorher nicht an sein

Eier Schicksal gewöhnen durfte: Wärmen Sie das Ei in einem kleinen Gefäß mit warmem Wasser vor.

Eiweiß läßt sich nur steif schlagen, wenn es restlos vom Eigelb getrennt wurde. Entfernen Sie selbst kleinste Spritzer Eigelb. Beim Schlagen einen Schuß Wasser zugeben, so ergibt sich mehr Eischnee. Die übriggebliebenen Eidotter in einem Behälter mit kaltem Wasser kühl stellen; so können sie über längere Zeit aufbewahrt werden und später für Mürbeteig, Suppen, Saucen oder Drinks Verwendung finden.

Erbsen mit Brot Ein Stück Brot in der Erbsensuppe verhindert, daß die Erbsen beim Kochen absinken und am Topfboden anbrennen.

Erbsen, Möhren, Rotkohl und Blumenkohl Erbsen kocht man in der Schote; sie schmecken dann besser, und die Schoten lösen sich von alleine. Eine Prise Zucker erhält ihre grüne Farbe. Möhren sollten nicht – so schön das aussehen mag – mit ihrem Krautschopf aufbewahrt werden; das Grünzeug entzieht den Möhren weiterhin Flüssigkeit. Schneiden Sie das Kraut daher ab. Möhrenschälen wird erheblich einfacher, wenn man die Möhren drei Minuten in kochendes und direkt danach in kaltes Wasser gibt. Die Haut läßt sich dann leichter lösen. Rotkohl, mit sauren Äpfeln gekocht, erhält einen intensiven Geschmack und eine appetitliche Farbe. Blumenkohl wird strahlend weiß, wenn Sie in das Kochwasser einen Schuß Milch hineingeben.

Fettest

Sie testen Fett auf die richtige Temperatur, indem Sie einen trokkenen Holzlöffel hineinhalten. Bilden sich kleine Blasen, ist die Temperatur genau richtig. Fügt man etwas Mehl hinzu, spritzt es nicht; derselbe Effekt läßt sich mit einem Schuß Öl erzielen. Das Fett läßt sich dann auch höher erhitzen, ohne dabei zu verbrennen.

Fisch

Fisch sollten Sie immer frisch kaufen und noch am selben Tag zubereiten. Frischen Fisch erkennen Sie an der rosa oder roten Färbung der Kiemen. Sind die Kiemen grau, ist von einem Kauf dringend abzuraten.

Denken Sie daran, daß man Fisch nicht kochen, sondern nur dünsten sollte. Läßt sich die Rückenflosse lösen, ist der Fisch gar. Geben Sie Gemüsezwiebeln, Schalotten, Sellerie, Lauch, Petersilie und Möhren in den Fond.

Eine andere Möglichkeit, Fisch zuzubereiten, besteht darin, das Gemüse in die Pfanne zu geben und den Fisch darauf zu garen. Mit Weißwein, Zitronensaft und Sahne oder Mehl können Sie anschließend das Gemüse zu einer pikanten Sauce verarbeiten.

Wenn Sie den Fisch in Alufolie garen, bleibt er saftig. Mit Salz im Bratfett wird der Fisch schön braun. Ein Schuß Weißwein oder Sherry vertreibt bei Tiefkühlfisch den durch die Verpakkung entstandenen Beigeschmack.

Fisch

Frische Muscheln öffnen sich beim Kochen. Geschlossene sollten Sie folglich besser nicht zu sich nehmen.

Es empfiehlt sich, Kochgeschirr, in dem Sie Fisch zubereitet haben, nach dem Spülen zusätzlich mit Salz und Küchenpapier auszureiben, wenn Sie es danach auch für andere Lebensmittel verwenden wollen.

Fleisch

Achten Sie beim Kauf von Fleisch darauf, daß es gut abgehangen ist. Nur so können Sie sicher gehen, daß der Braten richtig zart wird.

Haben Sie sich dennoch ein zähes Stück Fleisch eingehandelt, schneiden Sie es nach dem Braten in Scheiben und legen es für einige Stunden in eine Beize aus kalter Bouillon und Essig. Wieder aufgewärmt, erhält das nunmehr zarte Fleisch einen exquisiten Geschmack.

Bewahren Sie Fleisch oder Geflügel nur durchgebraten auf, da angebratenes Fleisch mit rohem Innenstück von Salmonellen befallen werden kann. Roastbeef sollte dementsprechend nur zum sofortigen Verzehr gekauft werden.

Fleischbrühe

Gut angebratene Knochen verleihen der Brühe eine schöne dunkle Färbung; für gelierende Brühe empfehlen sich Kalbsknochen, da sie am meisten Gelatine enthalten. Eierschalen oder Möhrenstücke in der Brühe mitgekocht, klären dieselbe.

Frikadellen mit Pfiff

Ein ganz gewöhnlicher Fleischklops wird mit einer pfiffigen Füllung aus Schafs- oder Kräuterkäse oder einem kleingeschnittenen Champignon mit Zwiebelstückchen und Speck zu einer pikanten Köstlichkeit. Achten Sie darauf, daß die Fleischmasse die Füllung geschlossen umgibt, da sonst die Frikadelle zerfällt.

Geflügel

Soll Geflügel beim Kochen saftig bleiben, muß man es in bereits kochendes Wasser legen (die Poren schließen sich). Für eine Brühe stellen Sie das Fleisch mit kaltem Wasser auf die Herdplatte.

Wenn Sie Geflügel zu heiß braten, wird das Fleisch zwar außen knusprig, innen aber trocken. Daher nicht über 160–180° C braten oder regelmäßig mit Fett bepinseln.

Das Fett von Gänsen oder Enten sollte man, soweit wie möglich, vor dem Braten entfernen. Es ist für den Gänse- und Entenbraten entbehrlich, eignet sich aber hervorragend zur Herstellung von Schmalz.

Gemüse waschen

Waschen Sie frisches Gemüse mit Salzwasser. Auf diese Weise entfernen Sie problemlos auch Raupen, Würmer und Insekten, die Sie auf den ersten Blick nicht gesehen haben.

Grünes Gemüse

Grünes Gemüse bleibt auch beim Kochen noch grün, wenn Sie den Topf nicht mit dem Deckel verschließen.

Käse Jeder alte Hartkäse läßt sich hervorragend als Reibkäse weiterverwenden. Frischer Käse hingegen verklebt beim Reiben die Raspel, es sei denn, man hat ihn zuvor einige Zeit in ein Gefrierfach gelegt. Ein Stück Zucker unter der Käseglocke verzögert das Austrocknen des Käses. Trockener Käse wird in Milch oder Buttermilch wieder weich.

Kräuteressig Weißen Essig in eine Flasche mit breiter Öffnung füllen, einen oder mehrere Kräuterzweige hineinstecken, fest verschließen und ein paar Tage ziehen lassen. Immer nur eine Kräuterart verwenden und so lange in der Flasche lassen, bis alles verbraucht ist. Kräuteressig ist auch ein hübsches Geschenk für Küchenfreunde.

Milch Wenn Sie den Topfrand mit etwas Butter bestreichen, verhindern Sie damit das Überlaufen von kochender Milch.

Dickmilch Wenn Sie 2–3 Eßlöffel Buttermilch auf ca. 1 l Frischmilch geben, erhalten Sie schon nach kurzer Zeit Dickmilch.

K-Milch Dosenmilch (Kondensmilch) sollte nach dem Öffnen in Glas- oder Porzellankännchen umgefüllt werden. Milch nimmt unter

Sauerstoffeinfluß leicht den Geschmack von Metallbehältern an.

K-Milch

Obst, das sich wegen seiner dünnen Schale nur mühsam schälen läßt, legt man kurze Zeit in heißes Wasser. Die Schale läßt sich dann mit Fingern oder Messer leicht entfernen.

Obst schälen

Frische Petersilie verleiht getrockneten Kräutern wieder Geschmack, wenn man sie zu gleichen Teilen in einem verschließbaren Gefäß ein paar Stunden ziehen läßt.

Petersilie

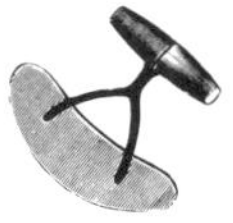

Reis wird mit ein paar Spritzern Zitronensaft im Kochwasser strahlend weiß.

Reis

Die Sahne ohne Zucker schlagen und erst nach dem Steifwerden süßen. Will die Sahne nicht steif werden, helfen ein paar Spritzer Zitronensaft oder ein kaltes Eiweiß.

Sahne schlagen

Älterer Salat neigt zum raschen Welken seiner Blätter. Ein halbstündiges Bad in kaltem Wasser mit Zitronensaft hilft ihm wie-

Salat

Salat der auf die Beine. Feldsalat erholt sich in einem Bad mit lauwarmem Wasser.

Salat hält sich übrigens ebenso wie Gemüse in einem feuchten Tuch oder Zeitungspapier frisch.

Mit Salz süßen

Der Geschmack süßer Speisen wird durch eine (kleine!) Prise Salz verstärkt und umgekehrt der von salzigen Speisen durch eine Prise Zucker. Insbesondere der Geschmack von Tomaten verfeinert sich mit einer Prise Zucker.

Salzen ohne Salz

Verschiedene Diäten schreiben vor, auf den Gebrauch von Salz soweit wie möglich zu verzichten. Aus einem Teil schwarzen Pfeffer, insgesamt 5 Teilen Paprika, Knoblauch und Senf sowie 10 Teilen Zwiebel, alles getrocknet und gerieben, erhalten Sie einen vollwertigen Salzersatz.

Versalzene Speisen

Kochen Sie versalzene Speisen mit einigen Stücken roher Kartoffeln noch einmal kurz auf. Da die Kartoffelstücke den Salzgeschmack binden, müssen sie anschließend wieder herausgenommen werden.

Sekt prickelt wieder

Ist Sekt in der Flasche schal geworden, verhilft ihm eine Rosine wieder zu prickelndem Leben. Stand er allerdings zu lange offen, läßt er sich nicht mehr aktivieren. Geöffneter Sekt bleibt für

Sekt

ca. 24 Stunden frisch, wenn man einen Silberlöffel in den Flaschenhals hängt.

Sellerie

Sellerie behält seine weiße Farbe auch nach dem Kochen, wenn man ihn zuvor für mehrere Stunden in Essigwasser legt.

Spargel

Spargel immer von oben nach unten schälen und das holzige Fußstück zuletzt abschneiden. Ist der Spargel nicht mehr frisch, sollte er vor dem Schälen mindestens eine Stunde in kaltes Wasser gelegt werden.

Südfrüchte

Bananen bewahrt man im Kühlschrank auf; die Schale wird zwar braun, das Fruchtfleisch aber bleibt frisch. Dünnschalige Grapefruits sind saftiger als dickschalige. Ungespritzte Zitronen ergeben doppelt soviel Saft, wenn sie vor dem Pressen 15 Minuten lang in heißes Wasser gelegt wurden. Gelatine-Süßspeisen mit frischer Ananas werden nicht steif; die Ananas vorher leicht dünsten oder Dosenfrüchte verwenden.

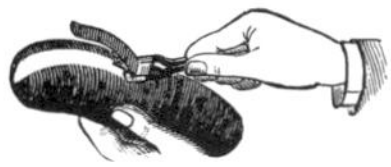

Tomaten schälen

Tomaten lassen sich einfach schälen, wenn man ihre Haut an einigen Stellen vorsichtig einschneidet und sie anschließend für kurze Zeit in kochendheißes Wasser taucht.

Überkochen

Deckel schräg auf den Topf legen, so daß Dampf entweichen kann. Zusätzliche Dienste leistet ein Schuß Öl oder ein Stückchen Butter im Wasser, was im übrigen auch dem Geschmack auf die Beine hilft.

Zitronensaft

Oft kommt es vor, daß man zum Kochen nur einige Tropfen Zitronensaft benötigt. Schneiden Sie dafür nicht gleich eine ganze Zitrone auf, sondern stechen Sie mit einem Cocktailpikker oder einem Zahnstocher ein kleines Loch in die Zitrone, aus dem Sie die gewünschte Menge Saft herausdrücken können. Auf diese Weise bleibt der Rest der Zitrone frisch und vertrocknet nicht.

Zwiebeln schneiden

Zu den berüchtigten Begleiterscheinungen der Küchenarbeit gehören die tränenden Augen beim Zwiebelschneiden. Großmutters Ratschlag: Schneiden Sie die Zwiebeln unter fließendem, kalten Wasser.

Pflanzt man Zwiebeln in einen Topf, so beginnen sie zu treiben; das so gewachsene Zwiebellauch schmeckt sehr viel herzhafter als Schnittlauch.

Kochrezepte

Tomaten

Tomaten werden in der deutschen Küche unterschätzt. Daher folgen hier im weiteren einige kleine Rezepte mit Tomaten, die den Alltag vielleicht bereichern können:

Eier im Tomatenrock

In der Pfanne erhitzt man eine große Dose geschälter Tomaten; ist die Tomatenmasse warm genug, schlägt man pro Person zwei bis drei Eier hinein. Die Eier nicht rühren, sondern in den Tomaten stocken lassen. Überdeckt mit Mozzarella oder rohem Schinken und abgeschmeckt mit frischem oder trockenem Basilikum, Salz und Pfeffer, ergibt sich ein leichtes, warmes Abendessen. Wird mit Reis serviert.

Italienischer Toast

Ein graues Brot (Roggenmischbrot) mit rohem Schinken, Tomaten- und Käsescheiben belegen, darauf Thymian und Rosmarin streuen. Für Liebhaber vorher das Brot mit Öl und einer Knoblauchzehe einreiben. Im Ofen überbacken. Sehr schmackhaft und durch die Tomaten saftig.

Tomatensauce

Eine Dose geschälte Tomaten passieren, mit einem Becher Sahne verquirlen, Emmentaler oder Blauschimmelkäse hineinreiben, angebratene Zwiebeln mit Speck dazugeben und

Tomatensauce köcheln lassen. Zum Schluß mit Salz, Pfeffer, Basilikum und einem kräftigen Schuß Sherry oder Whisky abschmecken. Wohlschmeckend als Zugabe für Nudeln oder als Fleischsauce.

Salate

Hirsesalat

Man nehme: 150 g Hirse
1/2 l Wasser
Salz
7 EL Öl
4 EL Essig
1 Salatgurke
3 Möhren
1 Apfel
Frühlingszwiebeln
Kresse

Hirse heiß abbrausen, in 1/2 l Wasser mit 1/2 TL Salz unter geschlossenem Deckel 20–25 Minuten bei kleiner Flamme quellen und danach abkühlen lassen. Aus Essig, Salz, Pfeffer und Öl eine Vinaigrette rühren. Die Gemüse und den Apfel in feine Streifen schneiden und mit der Hirse und der Vinaigrette verrühren; 1–2 Stunden ziehen lassen. Eventuell mit Zitrone abschmecken und vor dem Anrichten mit Kresse garnieren.

Kartoffelsalat

Man nehme: 1 kg festkochende Kartoffeln
2 Zwiebeln
1/4 l Gemüsebrühe
4 EL Öl
2 EL Essig
Salz und Pfeffer

Kartoffeln dämpfen, schälen, abkühlen lassen und in Scheiben schneiden. Kleingeschnittene Zwiebeln dazugeben. Die heiße Brühe darübergießen und gut durchziehen lassen. Zum Schluß Essig und Öl dazugeben. Vor dem Anrichten mit Salz und Pfeffer abschmecken. Dieses Grundmuster von Kartoffelsalat kann mit eingelegten Gürkchen, fein geschnittenem Rohgemüse, Kräutern, gebratenem Speck, Rindfleisch oder Krabben variiert werden.

Linsensalat mit Löwenzahn

Man nehme: 200 g Linsen
1 Strauß junge Löwenzahnblätter
1–3 Zwiebeln
Petersilie
2 EL Zitrone oder Essig
4 EL Öl
Salz und Pfeffer

Zuvor über Nacht eingeweichte Linsen garkochen, dann mit feingehackten Zwiebeln und Zitronen-Öl-Marinade verrühren. Mit Salz und Pfeffer würzen. Löwenzahnblätter waschen, in 2 cm breite Streifen schneiden und kurz vor dem Anrichten unterheben. Mit feingehackter Petersilie bestreuen.

Rotkohlsalat mit Äpfeln

Man nehme: 1 kleinen Rotkohl
2 Äpfel
2 Zwiebeln
1 Tasse Nüsse
4 EL Öl
2 EL Essig
Salz und Pfeffer
Blattpetersilie

Den Rotkohl in dünne Streifen schneiden oder über den Gurkenhobel reiben. Die Zwiebeln in halbe, dünne Ringe, die Äpfel in kleine Würfel schneiden. Dann den Essig, die gehackten Nüsse, die Petersilienblätter und das Öl dazugeben. Mit Salz und Pfeffer abschmecken.

Suppen

Brennesselsuppe

Man nehme: 1 EL Öl
500 g Karotten
2 Zwiebeln
30 g Butter
1 l Wasser oder Gemüsebrühe
75 g Brennessel (nur junge!)
Salz und Pfeffer
Zitronensaft
Saure Sahne

Brennesselsuppe

Karotten und Zwiebeln in Öl und Butter andünsten, heiße Gemüsebrühe (oder Wasser) darübergießen, aufkochen und 10 Minuten garen lassen. Gewaschene, in Streifen geschnittene Brennesseln hinzugeben, das Ganze weitere 10 Minuten garen, mit dem Pürierstab pürieren und mit Salz, Pfeffer und Zitrone abschmecken. Vor dem Anrichten einen Löffel saure Sahne in die Mitte jeden Tellers geben.

Knoblauchsuppe

Man nehme: 4–8 Knoblauchzehen
1 EL Olivenöl
1 TL Paprika
2 Salbeiblätter
Thymian
1/2 TL Salz
3/4 l Wasser oder Gemüsebrühe
4–5 Tomaten
Blattpetersilie
Schnittlauch
Pfeffer

Knoblauchzehen kleinschneiden und hacken (oder auch nur halbieren, damit diese auf Wunsch nachher wieder entfernt werden können), in Öl andünsten, mit kochendem Wasser oder Gemüsebrühe aufgießen und 10 Minuten simmern lassen. Gewürfelte Tomaten mit Salbei und Thymian hinzugeben, würzen und weitere 10 Minuten garen. Blattpetersilie und Schnittlauch vor dem Anrichten hinzufügen. Dazu reicht man in Butter geröstete Brotwürfel.

Kürbis-suppe

Man nehme:
1 EL Öl
4 Zwiebeln
4 Möhren
400 g Kürbis
2–4 Kartoffeln
1 l Wasser oder Gemüsebrühe
1 Knoblauchzehe
1 1/2 EL süße Sahne
Petersilie
Muskat
Salz und Pfeffer

Zwiebeln, Möhren und Kartoffeln gewürfelt in Öl andünsten, mit kochender Gemüsebrühe oder Wasser aufgießen und 10 Minuten garen lassen. Gewürfeltes Kürbisfleisch dazugeben (ohne Kerne und mehlige Stellen), mit Gewürzen abschmecken und weitere 20 Minuten simmern lassen, bis alle Gemüse weichgegart sind. Pürieren, 1 1/2 EL süße Sahne hinzugeben und vor dem Anrichten mit gehackter Blattpetersilie bestreuen.

Linsensuppe

Man nehme: 2 EL Öl
300 g Linsen
150 g Zwiebeln
3 Möhren
1 Bund Lauch
1/4 Sellerie
4 Kartoffeln
Blattpetersilie
Essig
Salz und Pfeffer

Kleingeschnittene Zwiebeln mit Sellerie, 2 Möhren und der halben Lauchmenge in Öl andünsten, mit 1 1/2 l kochendem Wasser aufgießen, salzen und pfeffern (evtl. auch Knoblauch und Thymian dazugeben), die Linsen einrühren und das Ganze 35–45 Minuten simmern lassen. Dann die restlichen Gemüse gewürfelt hinzugeben, nochmals würzen und weitere 15 Minuten garen. Mit einem Schuß Essig abschmecken und mit gehackter Petersilie anrichten (sonntags gibt's das Ganze dann mit Würstchen – Mettwürstchen für die Großen, Brühwürstchen für die lieben Kleinen; die Würstchen einfach einige Minuten in der Suppe erhitzen).

Zwiebel-suppe

Man nehme: 2 EL Öl
450 g Zwiebeln
1 EL Mehl
1 l Gemüsebrühe
2 Knoblauchzehen
Salz und Pfeffer
Muskat (evtl. Thymian und Lorbeer)
Weißwein
Weißbrot

Die in Streifen geschnittenen Zwiebeln in Öl andünsten, bis sie goldgelb sind, Mehl darüberstreuen, kurz rösten. Mit kochender Brühe und einem Schuß Weißwein aufgießen, glattrühren, würzen und kochen, bis die Zwiebeln weich sind. Vor dem Anrichten eine Scheibe Weißbrot rösten, mit Knoblauch einreiben, in den Suppenteller legen und mit der Suppe aufgießen. Geriebener Käse wird je nach Laune gesondert dazugereicht.

Pasta Pronto

Vorbemerkung: Richten Sie sich nach den vorgegebenen Kochzeiten der Hersteller; etwas weniger als die angegebene Zeit, und die Teigwaren behalten ›Biß‹ (›al dente‹). Ein wenig Öl im Wasser verhindert das Überkochen und Verkleben der Nudeln.

Aglio-Olio mit Blumenkohl

Man nehme: 1 Blumenkohl
3 EL Olivenöl
2–3 Knoblauchzehen
Blattpetersilie
Salz und Pfeffer

Blumenkohlröschen in Salzwasser garkochen. Olivenöl, Salz, Pfeffer und gepreßten Knoblauch verrühren und ziehen lassen, bis der Blumenkohl fertig ist. Das angemachte Öl und die Blumenkohlröschen unter die Nudeln heben. Petersilienblätter kleinschneiden und darüberstreuen.

Paesano

Man nehme: 1 EL Öl
2 Zwiebeln
150 g Champignons
250 g Erbsen (1 Tiefkühlpackung)
1 Knoblauchzehe
3 EL Mehl
1/8 l Sahne (1/4 l Milch)
Weißwein
Muskat
Salz und Pfeffer

Gewürfelte Zwiebeln mit in Scheiben geschnittenen Pilzen in Öl andünsten und mit Knoblauch, Salz und Pfeffer würzen. Wenn die Zwiebeln glasig sind, Mehl darüberstäuben; die Melange anziehen lassen und unter ständigem Rühren mit Wasser und Sahne aufgießen. Einen Schuß Weißwein hinzufügen und das Ganze etwa 5 Minuten köcheln lassen; danach die Erbsen hinzugeben und weitere 10–15 Minuten leise simmern lassen. Die Sauce paßt auch zu Reis oder Getreide.

Pesto

Man nehme: 1 Tasse Olivenöl
Oliven
3–4 Knoblauchzehen
1 Bund Blattpetersilie
1 Bund Basilikum
2 EL Sonnenblumenkerne oder Pinienkerne
1 kg Tomaten
Frischer Reibkäse
Salz und Pfeffer

Alle Zutaten außer den Tomaten im Mixer pürieren oder sehr fein hacken und unter Öl rühren, mit Salz und frisch gemahlenem Pfeffer abschmecken. Die Tomaten werden in Würfel geschnitten. In die Mitte einer Nudelportion gibt man 1 El Pesto, außenherum werden die kalten, gewürfelten Tomaten gelegt. Dazu wird frischer, geriebener Käse gereicht.

Spinat-Sahne-sauce

Man nehme: 1 EL Öl
4 Zwiebeln
1 Packung pürierten Tiefkühlspinat
1 Knoblauchzehe
1/2 l Sahne
Muskat
Salz und Pfeffer

Die Zwiebeln in Öl anbraten und den Spinat mit 1 EL Wasser hinzufügen. Ist der Spinat ganz aufgetaut, die Sahne hineinrühren, würzen, danach 10 Minuten simmern lassen. Auch für Polenta oder Spätzle geeignet.

Tomatensauce

Man nehme: 2 EL Olivenöl
2 Zwiebeln
1 Möhre
1 Dose geschälte Tomaten
2 Knoblauchzehen
2 EL Tomatenmark
Oliven (grüne oder schwarze)
Salz und Pfeffer
Thymian
Lorbeer
Basilikum
Prise Zimt

Feingeschnittene Zwiebeln und Möhren mit Knoblauch, Salz und Pfeffer in Öl glasig dünsten, die geschälten Tomaten durch ein Haarsieb passieren und hinzugeben. Den Thymian und die anderen Gewürze mit in Streifen geschnittenen Oliven unterrühren. Das Tomatenmark hinzufügen und 20 Minuten simmern lassen. Eine wunderbare Sauce auch für gefüllte Gemüse.

Indisches Curry

Man nehme: 500 g Zwiebeln
2 Möhren (oder andere Gemüse)
Ingwer
2 EL Öl (oder geklärte Butter)
2 EL Curry
1 TL Honig
1/2 l Gemüsebrühe
Kokosmilch
Rosinen
Salz

Die Zwiebeln in Würfel schneiden, in Fett andünsten. Mit Curry, Ingwer und Salz unter Rühren anbraten. Das gewürfelte Gemüse und die Hälfte der heißen Gemüsebrühe zugeben; bei schwacher Hitze köcheln lassen, bis die Zwiebeln glasig werden. Nach 10 Minuten den Rest der Flüssigkeit mit Rosinen und Honig unterrühren und mit einem Schuß Kokosmilch abschmecken. Wird zu Reis gereicht.

Soja-sprossen-gemüse

Man nehme: 250 g Sojasprossen
2 Möhren
2 Rote Bete
2 Zwiebeln
1 Stange Lauch
2 EL Öl
Sojasauce
Ingwer
1 Knoblauchzehe
1 TL Maismehl oder Speisestärke

Die Zwiebeln kleinschneiden und in Öl anbraten. Möhren, Rote Bete und Lauch in Streifen schneiden und kurz mit anbraten. Mit heißem Wasser aufgießen, mit Sojasauce, Knoblauch und Salz (evtl. auch Ingwer) würzen, simmern lassen und mit Maismehl leicht abbinden. Sojakeime unterheben und gardünsten; sofort anrichten. Wird zu Reis gereicht.

Tomaten-risotto

Man nehme: 250 g italienischen Reis
1 Dose pürierte Tomaten
1 Tasse Wasser
2 Zwiebeln
2 Knoblauchzehen
1 Packung Tiefkühlerbsen
1 EL Olivenöl
Salz und Pfeffer
Thymian

Zwiebeln kleinschneiden, Knoblauch und Thymian hacken und in Öl andünsten. Den Reis kurz mit anrösten, mit einer Tasse heißem Wasser und einer Dose pürierter Tomaten aufgießen und abschmecken. Dann die Tiefkühlerbsen unterrühren. Bei guter Hitze einmal aufkochen, bei schwacher Hitze zugedeckt ohne Rühren garen lassen. Dazu reicht man geriebenen Käse.

Fisch und Fleisch

Borschtsch

Man nehme: 3 EL Öl oder Schmalz
1 kg Hammel-, Rind- oder Schweinefleisch
2 Zwiebeln
1 kleinen Kopf Weißkohl
2–3 Rote Bete
1–2 Möhren
1/4 Sellerie
2–3 Kartoffeln
1 1/2 l Brühe
evtl. etwas Tomatenmark
2 Lorbeerblätter
Salz und Pfeffer
Dill
Kümmel
Essig
Saure Sahne

Erst das Fleisch, dann die geschnittenen Zwiebeln in Fett andünsten. Die kleingeschnittenen Gemüse und zum Schluß die Kartoffeln hinzufügen. Würzen und mit der Brühe auffüllen, dann bei mäßiger Hitze garkochen (je nach Fleischsorte bis zu 1 1/2 Stunden). Auf den Tisch stellt man eine Schüssel saure Sahne und frischen Dill.

Dillgurken mit Hackfleisch

Man nehme: 500 g Rindergehacktes
1 Bund Dill
1 Salatgurke
2 Zwiebeln
2 EL Öl
1 Knoblauchzehe
1 Becher saure Sahne

Zwiebeln und Knoblauch kleinschneiden und in Öl dünsten, bis sie glasig sind, das Hackfleisch dazugeben und bei starker Hitze anbraten. Mit Salz und Pfeffer würzen. Die Gurke schälen, würfeln und zum Hackfleisch geben, mit 1/4 l Wasser aufgießen und 15 Minuten simmern lassen. Den Dill feinhacken und mit der sauren Sahne unter das Hackfleisch heben. Dazu wird Reis gereicht.

Grüne Heringe

Man nehme: Pro Person 1 grünen Hering
Mehl
Öl zum Braten
Zitrone
Salz und Pfeffer

Die Heringe ausnehmen, waschen, salzen und pfeffern, innen mit Zitrone beträufeln. In Mehl wenden. In der Pfanne mit reichlich Öl von beiden Seiten braten.

Hering in Sahnesauce

Man nehme: 6 Salzheringe
1/4 l Buttermilch oder Joghurt
3 große Zwiebeln
1 Gewürzgurke
2 saure Äpfel
1/4 l saure oder süße Sahne

Die Heringe mehrere Stunden wässern und waschen, über Nacht in Buttermilch einlegen. Die Fische häuten, entgräten und filetieren, dann in breite Stücke schneiden. Die Heringsmilch durch ein feines Sieb passieren und mit der Sahne verrühren. Geschnittene Gewürzgurke, Äpfel und Zwiebeln mit Sahne und Joghurt verrühren. Heringsstücke dazugeben und im Kühlschrank ziehen lassen. Mit Salz, Pfeffer und evtl. etwas Zitrone abschmecken. Dazu junge Kartoffeln in Schale servieren.

Himmel und Erde

Man nehme: 1 kg mehlige Kartoffeln
1 kg säuerliche Äpfel
50 g Butter
50 g Speck oder Schmalz
4 kleine Blut- und 4 kleine Leberwürste
Salz

Die geschälten Kartoffeln und Äpfel werden kleingeschnitten und getrennt in wenig Wasser gargedünstet, zerstampft und miteinander verrührt. Die Butter dazugeben und würzen. Den gewürfelten Speck langsam anbraten, die Würste mit Speck und Fett braten. Die gebratenen Würste auf dem Kartoffel-Apfelbrei anrichten.

Szegedinger Gulasch

Man nehme: 500 g Rindfleisch
3 EL Öl
500 g Zwiebeln
1 Knoblauchzehe
1 TL Tomatenmark
500 g Sauerkraut
3/8 l Brühe
2 Paprikaschoten
Salz
Thymian
Paprika
Kümmel
Sauerrahm

Das gewürfelte Fleisch in Fett von allen Seiten anbräunen, Zwiebeln in Scheiben schneiden, mit Paprikaschoten dazugeben und gut durchschmoren lassen. Die Gewürze, Salz, Tomatenmark und das kleingeschnittene Sauerkraut zugeben, andünsten und mit kochender Flüssigkeit aufgießen. Bedeckt bei mäßiger Hitze schmoren lassen, evtl. Flüssigkeit nachgeben und mit Wein abschmecken. Kartoffeln passen gut dazu.

Großmutters Allerlei

Kräuterquark

Man nehme: 500 g Quark (Schichtkäse)
1/8 l saure Sahne
Dill
Schnittlauch
Petersilie
(je nach Geschmack auch Thymian, Zitrone, Melisse, Pfefferminz)
Radieschen
Knoblauch
Salz und Pfeffer

Alle Kräuter und den Knoblauch sehr fein hacken, mit der Zitrone verrühren, dann unter den Quark rühren. Die in feine Scheiben geschnittenen Radieschen mit der sauren Sahne dazugeben. Mit Salz und Pfeffer abschmecken. Reicht man Pellkartoffeln oder junge Frühlingskartoffeln mit Schale dazu, sollten diese mit ein wenig Kümmel gekocht werden.

Oeufs à la Moutarde du Lion

Man nehme: 4 Eier
1/4 l Milch
3 EL Butter
4 EL Mehl
1 EL scharfer Senf
1/2 l Fleischbrühe (Gemüsebrühe)

Butter erhitzen, das Mehl darin leicht anbräunen, mit Milch und Brühe ablöschen. Einige Minuten kochen lassen, den Senf unterrühren. Die hartgekochten Eier werden unter die Sauce gehoben. Dazu reicht man Reis oder Kartoffeln. Die Eier können auch in Scheiben geschnitten werden.

Reibe-kuchen

Man nehme: 1 1/2 kg festkochende Kartoffeln
1 große Zwiebel
2 Eier
1 TL Salz
3 Strich Muskat
etwas Mehl (möglichst von Buchweizen)
Öl

Die Kartoffeln schälen, nicht zu fein reiben und in einem Sieb abtropfen lassen. Dann die Kartoffeln ausdrücken, die Zwiebeln sehr fein reiben, mit Eiern, Kartoffeln und Mehl zu einem Teig verrühren und würzen. Je nach Feuchtigkeit der Kartoffeln noch etwas Mehl hinzugeben, so daß ein nicht zu fester Teig entsteht. Jeweils 3 Reibekuchen in einer Pfanne mit Öl knusprig ausbraten. Dazu Schwarzbrot mit Butter, Apfelmus oder Salat servieren.

Zwiebel-sauce

Man nehme: 4–5 große Zwiebeln
100 g Speck
2 EL Mehl
Essig
1/2 l Fleisch- oder Gemüsebrühe
Gemahlenen Kümmel
Thymian
Salz und Pfeffer

Speck und Zwiebeln in Würfel schneiden, Speck langsam goldgelb braten, Zwiebeln dazugeben und dünsten, bis sie glasig sind. Mehl darüber streuen, anschwitzen lassen und mit der Flüssigkeit ablöschen. Mit Essig abschmecken, würzen und durchkochen. Schmeckt ausgezeichnet zu Salzkartoffeln.

Süßspeisen

Bananen-dessert

Man nehme: 1 kg überreife Bananen
500 g Quark
2 EL Zucker
Zitrone
Mandeln

Die reifen Bananen schälen, in den Mixer geben und dort mit Quark, Zitrone und Zucker pürieren; in Schälchen gießen und mit Mandelscheibchen bestreuen.

Holunder-küchlein

Man nehme: 10–12 Holunderblüten
Puderzucker
200 g Mehl
2 Eier getrennt
2 TL Öl
1/4 l dunkles Bier (Wein, Sprudelwasser, Milch)
Fett zum Backen

Mehl und eine Prise Salz mit der Flüssigkeit verrühren, Eigelb und Öl unterrühren, zuletzt steifen Eischnee unterziehen. Die Blütendolden im Backteig wenden und im heißen Fett schwimmend ausbacken, abtropfen lassen, mit Puderzucker bestreuen und sofort anrichten. Müssen heiß gegessen werden.

Pfannkuchen

Man nehme: 250 g Mehl
3 Eier
1/2 l Milch
Salz
Öl zum Backen

Das Mehl langsam mit der Milch und dem Eigelb verrühren. Den Eischnee dann unterheben und salzen. Fett in der Pfanne erhitzen. In das heiße Fett wird dann jeweils eine dünne Teiglage gegeben; goldgelb backen, wenden, bei mäßiger Hitze fertigbacken. Reichen Sie dazu Eingemachtes bzw. Marmelade, oder füllen Sie den Pfannkuchen mit Käse, Schinken oder angemachtem Gemüse.

Rhabarbergrütze

Man nehme: 3/4 kg Rhabarber
ungespritzte Zitronen- oder
Orangenschale
200 g Zucker
2 EL Konfitüre
1 Wasserglas Johannisbeersaft
100 g Sago
evtl. 4–6 EL Weißwein

Den Rhabarber waschen, putzen, kleinschneiden und in Wasser mit Zitronenschale und Zucker zu Kompott kochen. Mit Saft oder Marmelade abschmecken und zum Kochen bringen (sollte dann mindestens ein Liter sein). Sago in kochendes Kompott einrühren und bei mäßiger Hitze garen lassen (20–30 Minuten). Danach in einer mit kaltem Wasser ausgespülten Form erkalten lassen. Dazu reicht man am besten mit Vanille gewürzte, süße Milch.

Kapitel 10

Spieglein, Spieglein an der Wand
Schönheitsmittel von Mutter Natur

Das Thema Schönheit ist – wie wir aus der unendlich großen Flut von Empfehlungen der Kosmetikindustrie wissen – ein weites Feld. Dennoch glaube ich, ohne mich für dieses Thema besonders berufen zu fühlen, für jeden Leser nachvollziehbar sagen zu können, daß zwischen psychischem Wohlbefinden und äußerem Erscheinungsbild ein korrelativer Zusammenhang besteht.

Wer kennt nicht das Gefühl völliger Niedergeschlagenheit und tiefer Verunsicherung, wenn man ab und zu beim morgendlichen Blick in den Spiegel einen eklatanten Widerspruch zwischen Aussehen und tatsächlichem Alter feststellt.

Wer kennt andererseits nicht dieses Hochgefühl, diese zufriedene Selbstsicherheit, wenn das Haar richtig liegt und glänzt, die Haut – straff und beinahe faltenlos – jugendliche Spannkraft signalisiert. Also – wer sein Äußeres pflegt, der folgt nicht zuletzt auch dem Ruf der Seele nach innerer Ausgeglichenheit, der Triebfeder für eine wahrhaft gesunde Eitelkeit.

Nun kann man sich zu diesem Zwecke mit einer Auswahl aus der unüberschaubaren Palette kosmetischer Fertigprodukte eindecken. Doch oft ist nicht zu kontrollieren, welche Inhaltsstoffe verwendet wurden, und der stille Verdacht läßt sich so schnell nicht ausräumen, daß die Zusammensetzung all dieser Cremes, Tinkturen und Puder auf Ingredienzien zurückzuführen ist, die Mutter Natur in reinster Form bereithält und die sich in Rezepturen aus Großmutters Zeiten wiederfinden. Es stellt sich somit die Frage, warum nicht an die Ursprünge zurückkehren und die entsprechenden Mittel selbst herstellen? Sie werden sehen, die Ergebnisse sind frappierend.

Im folgenden werden allerdings nicht nur ›Schönheitsmittel‹ im engeren Sinne, sondern darüber hinaus auch grundlegende Pflegevorkehrungen für Haut und Haare erörtert. Dazu kommt noch einiges, was zwar beiläufig scheinen mag, dies aber beileibe nicht ist: entspannende und verjüngende Bäder sowie belebende Riechsalze und Kräuterkissen aus Großmutters Geheimschatulle!

Pflege der Gesichtshaut

Mit der Pflege der Gesichtshaut sollte man schon in jungen Jahren beginnen, um einer frühzeitigen Faltenbildung vorzubeugen. Gehen Sie mit Ihrer Haut sorgsam um, und legen Sie Ihre Stirn nicht gleich bei jeder Gelegenheit in tiefe Falten. Gönnen Sie sich statt dessen täglich eine sanfte Gesichtsmassage. Massieren bedeutet in diesem Zusammenhang, mit der flachen Hand die Gesichtshaut leicht abzuklopfen (erst nach der Reinigung) und zu streicheln, um die Durchblutung zu fördern. Sie werden spüren, wie angenehm Ihre Haut anschließend prickelt.

Beim Reinigen der Haut oder Entfernen des Make-ups sollten Sie nicht zu heftig und ungestüm vorgehen. Diese Behandlung könnte zur Folge haben, daß die Haut sich dehnt und zur Faltenbildung neigt.

Hauttest Eine fettige Haut hat meistens große Poren und glänzt. Trockene Haut dagegen ist empfindlich und neigt zu Rötungen. Wenn Sie wissen wollen, ob Ihre Haut fettig oder trocken ist, reinigen Sie sie zunächst gründlich (entfernen Sie Make-up und Verunreinigungen). Warten Sie ein paar Stunden, und bedecken Sie dann verschiedene Stellen Ihres Gesichts (Stirn, Nasenflügel, Wangen und Kinn) mit Zigarettenpapier, das Sie leicht andrükken. Weist das Papier Flecken auf, dann ist Ihre Haut fettig. Eine trockene Haut dagegen hinterläßt keine Flecken. Vielfach kommt es vor, daß das Zigarettenpapier nur an bestimmten Hautstellen Flecken anzeigt. In diesen Fällen handelt es sich um eine sogenannte Mischhaut, die eine differenzierte Pflege benötigt.

Trockene Haut

Bei trockener Haut sollten Sie niemals Seife verwenden und kalkhaltiges Wasser meiden (siehe »Hautreinigungsmittel«). Reinigen Sie Ihre Haut morgens ausschließlich mit kalkfreiem, kalten Wasser. Vorsichtig mit einem weichen Handtuch abtupfen. Tragen Sie anschließend eine leicht fettende Creme auf, die Sie aus 10 g weißem Bienenwachs, 10 g Walrat, 50 g Hamameliswasser, 3 g Cholesterin – dadurch wird die Haut weich – und 400 g weißer Vaseline, eventuell ergänzt um einige Tropfen Parfüm, selbst herstellen können. Mit einer Mixtur aus 5 g Triethanolamin, 40 g 90%igem Alkohol und 450 g Rosenwasser entfernen Sie auf hautschonende Weise Ihr Make-up. Dieses Reinigungsmittel läßt sich problemlos mit warmem Wasser abwaschen. Anschließend können Sie eine Fettcreme auftragen.

Für sehr empfindliche Haut empfiehlt sich folgende Rezeptur: Verrühren Sie 60 g Mandelöl, 16 g Walrat, 8 g weißes Bienenwachs und 16 g destilliertes Wasser.

Fettige Haut

Dieser Hauttyp verträgt zwar eine Reinigung mit Wasser und Seife sehr viel besser als trockene Haut, dennoch sollten Sie alternativ auf eines der Mittel zurückgreifen, die unter »Hautreinigungsmittel« aufgeführt sind. Besonders fettige Haut können

Fettige Haut

Sie ab und zu mit Schwefelseife waschen oder mit einem in 40%igem Alkohol oder Kampferextrakt getränkten Wattebausch entfetten. Eine adstringierende (die Poren zusammenziehende) Lotion läßt sich aus 2 g Resorzin, 2 g Alaun und 100 g 40%igem Alkohol herstellen.

Hautreinigungsmittel

Wasser zur Gesichtsreinigung. Verwenden Sie, wenn möglich, nur weiches Wasser. Hartes Wasser ist grundsätzlich für die Haut nicht zu empfehlen, läßt sich allerdings qualitativ aufwerten, indem man es abkocht oder einen Teelöffel Borax (auf je 1 l) bzw. einen Aufguß aus Altheewurzel zugibt.

Eine hautschonende Alternative zu Wasser und Seife stellt eine leichte Schaumlotion dar, die Sie aus einem Eigelb, dem Saft einiger Gurkenscheiben und reichlich Wasser anrühren (oder Gurkenscheiben kleinschneiden und mit Wasser und Eigelb im Mixer verquirlen). Die Lotion auf einen Wattebausch geben. Dann die Haut damit abtupfen. Anschließend gründlich mit Wasser nachspülen und mit einem weichen Handtuch abtrocknen.

Butter (am besten frisch und ungesalzen) kann erstaunlicherweise auch als Reinigungsmittel verwendet werden. Die Butter ganz dünn in die Haut einreiben, einige Minuten einziehen lassen und danach mit Papiertaschentüchern entfernen.

Haut-reinigungs-mittel

Eigelb ist eine altbewährte Ingredienz für die Gesichtshautpflege. Verquirlen Sie 1 Eigelb mit 2 Teelöffeln Mandel- oder Rosenöl. Für fettige Haut rührt man noch etwas Zitronen- oder Gurkensaft unter. Die Lotion auf Gesicht und Hals auftragen und einige Zeit einwirken lassen. Anschließend mit lauwarmem Wasser abwaschen und mit Papiertüchern trocknen. Eigelb enthält Cholesterin, das Ihre Haut geschmeidig macht.

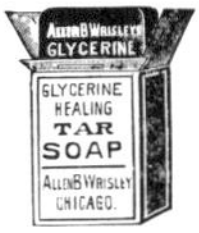

Milch oder Buttermilch mit einigen Tropfen Fruchtsaft (Zitrone, Erdbeere, Orange) reinigt und stimuliert die Haut. Milch eignet sich besonders für zarte und empfindliche Haut, die durch Wasser nur noch rauher wird. Reine Milch ist übrigens, wie auch reiner Gurkensaft und kalter Tee, ein gutes Gesichtswasser.

Tomatensaft mit einigen Tropfen Glyzerin wurde zu Großmutters Zeiten ebenfalls häufig als Gesichtswasser verwendet.

Karottensaft, frisch aus dem Entsafter, ist ein wirksames und schützendes Gesichtswasser. Lassen Sie den Saft mindestens 20 Minuten einziehen, und spülen Sie ihn mit lauwarmem Wasser ab.

Wein nährt, stimuliert und reinigt die Haut. Für fette Haut empfiehlt sich Rotwein, für trockene Haut dagegen Weißwein (siehe »Gesichtsmasken«).

**Dampf-
bäder**

Ein KAMILLENDAMPFBAD ist ein sinnvolles Hilfsmittel bei der kosmetischen Behandlung der Haut (auch zur Bekämpfung von Akne und Mitessern), denn es stimuliert die Durchblutung und öffnet die Poren. Anschließende Gesichtsmasken wirken um so intensiver.

In einer nicht allzu großen Schüssel übergießen Sie einige Eßlöffel getrocknete Kamillenblüten mit 1 l kochendem Wasser. Dann beugen Sie sich mit einem Handtuch über das heiße Wasser.

Heiße Kompressen mit Kamillenwasser sind besonders gut für die Haut am Hals.

**Gesichts-
masken**

ERDBEERMASKE: Zerdrücken Sie Erdbeeren, und verrühren Sie sie mit frischer Milch zu einem Brei.

Nach einem Dampfbad zur Öffnung der Poren tragen Sie die Maske auf das Gesicht auf und lassen diese 15 Minuten einwirken. Dabei sollten Sie die Augen mit Watte oder Zellstoff abdekken. Anschließend entfernen Sie die Maske mit weichen Papiertüchern und lauwarmem Wasser. Auch Himbeeren, rote Johannisbeeren, Pflaumen, Pfirsiche und Trauben eignen sich für Gesichtsmasken dieser Art.

Gesichts-masken

EIGELBMASKE: Sie beugt Fältchen vor und besteht aus Eigelb, das mit Milch, Sahne oder Mandelöl schaumig geschlagen und mit einigen Tropfen Zitronensaft verrührt wird. Man läßt sie ungefähr 20 Minuten auf der Haut einwirken. Diese ›Nährcreme‹ zieht die Haut zusammen und eignet sich daher besonders für großporige Gesichtshaut.

GURKENMASKE 1: Zerkleinern Sie in Ihrer Küchenmaschine einige ungeschälte Gurkenscheiben, geben Sie den Saft einer Zitronenscheibe dazu, und tragen Sie die Maske auf das Gesicht auf. Die Augen schützen Sie mit einem in Gurkensaft getränkten Stück Zellstoff. Lassen Sie die Maske 20 Minuten einwirken. Gegen Fältchen auf der Halspartie empfiehlt es sich, den Gurkensaft mit einer weichen Bürste in Richtung Kinn zu massieren.

GURKENMASKE 2: Verrühren Sie einen Eßlöffel Gurkensaft mit einem Teelöffel Sahne und einem Eiweiß. Anschließend geben Sie 20 Tropfen Rosenwasser hinzu. Tragen Sie diese Maske auf eine Lage Zellstoff auf, bedecken Sie diese mit einer weiteren Lage und lassen Sie sie 20 Minuten auf der Haut einwirken. Diese Maske eignet sich besonders für müde und abgespannte Haut, da sie nicht nur reinigt, sondern auch strafft.

Gesichtsmasken

Honigmaske 1: Verrühren Sie Honig mit einigen Tropfen Zitronensaft. Tragen Sie die Maske auf das Gesicht auf, und lassen Sie sie 20 Minuten einziehen. Anschließend mit Watte und Gesichtswasser (siehe »Hautreinigungsmittel«) entfernen. Diese Maske macht ihre Haut geschmeidig und verhindert Faltenbildung.

Honigmaske 2: Verrühren Sie einen Teelöffel Honig, ein Eiweiß und einige Tropfen Zitronensaft. Vorsichtig auf die Haut auftragen. Auch diese Maske beugt der Fältchenbildung vor und verhilft Ihnen zu einer samtweichen Haut.

Zitronenmaske: In einer Schüssel verquirlen Sie ein Eigelb mit einigen Tropfen Zitronensaft. Anschließend geben Sie die in Streifen geschnittene Zitronenschale einer halben, ungespritzten Zitrone dazu, die Sie einige Stunden ziehen lassen, so daß die Flüssigkeit die ätherischen Öle der Zitronenschale aufnehmen kann. Lassen Sie die Maske 20 Minuten einziehen, danach mit lauwarmem Wasser abspülen.

Gesichtsmasken

HEFEMASKE: Zerdrücken Sie ein kleines Stück frischer Hefe mit einem Eigelb und etwas Olivenöl zu einer sämigen Paste. Tragen Sie diese Maske auf die Haut auf, und lassen Sie sie 20 Minuten einziehen; anschließend mit lauwarmem Wasser abwaschen. Besonders gut geeignet für trockene Haut.

BIERHEFEMASKE: Eine Variante der Hefemaske, die Sie aus Bierhefe und Rosenwasser herstellen.

BREIMASKE: Kochen Sie 2 Eßlöffel Haferflocken in etwas Vollmilch zu einem sämigen Brei, und rühren Sie 2 Teelöffel Zitronensaft unter. Nach dem Abkühlen lassen Sie die Maske 20 Minuten in Ihre Haut einziehen. Anschließend mit lauwarmem Wasser abspülen. Alle Gesichtsmasken können mit einigen Tropfen Kampferextrakt angereichert werden, wodurch die Durchblutung Ihrer Haut gefördert wird.

MANDELKLEIEMASKE: Verrühren Sie 1–2 Teelöffel Mandelkleie mit 10 Tropfen Zitrone und einem Eiweiß. Diese Maske eignet sich besonders gut gegen fettige und glänzende Haut, sollte allerdings höchstens einmal in der Woche angewendet werden.

Haarpflege

Kämme und Bürsten Verwenden Sie keine Kämme oder Bürsten aus Stahl, da sie die Kopfhaut verletzen können. Statt dessen sollten Sie Kämme aus Horn oder Bein mit abgerundeten Spitzen nehmen. Benutzen Sie nicht zu harte Bürsten mit Schweinsborste oder Dachshaar.

Kamm und Bürste können in einer Seifenlauge gereinigt werden; danach gründlich abspülen, gut ausschlagen und trocknen lassen. Sehr feine Kämme lassen sich mit einer alten Zahnbürste und etwas Salmiakgeist oder Seifenlauge säubern.

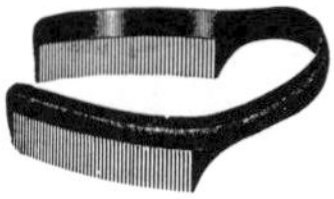

Haarwaschmittel Die Kosmetikindustrie bietet zwar eine Vielzahl von Shampoos und Spülungen an, mit denen man sogar täglich sein Haar problemlos pflegen kann, doch Großmutter schwört auf folgendes Rezept: Schmelzen Sie im Wasserbad etwas Knochenmark aus den Röhrenknochen (beim Metzger erhältlich). Anschließend rühren Sie erst ein Eigelb, dann einen Eßlöffel Rum darunter. Diese Mischung wird in Haar und Kopfhaut einmassiert und erst entfernt, wenn sie vollständig getrocknet ist. Sie können die Wirkung dieser ›Kurpackung‹ noch verstärken, wenn Sie Haar und Kopf mit Alufolie umwickeln. Spülen Sie das Haar mit der Handbrause und leicht kreisenden Bewegungen der Fingerspitzen.

Haarwaschmittel

Ein anderes altes Hausmittel empfiehlt, die Haare nur mit Eigelb zu waschen. Schlagen Sie mit einer Gabel zwei Eigelb. Reiben Sie das Eigelb in die Haare, lassen Sie es eintrocknen, und spülen Sie es anschließend mit lauwarmem Wasser ab.

Gönnen Sie darüber hinaus Ihrem Haar ab und zu die Pflege einer Naturspülung aus einem Aufguß von Salbei, Rosmarin oder Thymian.

Massage

Eine tägliche Massage der Kopfhaut, morgens und abends je 10 Minuten, tut Ihrem Haar besonders gut. Bewegen Sie mit den Fingerspitzen die Kopfhaut leicht hin und her. Die Fingerspitzen müssen dabei immer wieder neu ansetzen. Massieren bedeutet nicht, daß Sie die Kopfhaut kräftig durchkneten. Eine Massage soll der Kopfhaut vielmehr die Spannung nehmen und die Durchblutung fördern, denn erst dann können die Nährstoffe auch die Haarwurzeln erreichen. Beginnen Sie die Massage immer oberhalb der Stirn, und beenden Sie sie im Nacken.

Wenn Sie abwechselnd kleine Haarbüschel dicht an der Wurzel greifen und sanft daran ziehen, fördert das ebenfalls den Haarwuchs. Die Durchblutung von Kopf- und Gesichtshaut wird zusätzlich stimuliert, wenn man sich täglich ca. 15 Minuten in einer Schräglage (ca. 25°) mit dem Kopf nach unten hinlegt. Kissen können dabei hilfreich sein.

Trockenes Haar

Trockene Haare sind die Folge einer schlechten Versorgung mit Talgfett. Mit einem alten Hausmittel können Sie die Talgdrüsen und den Fetttransport in das Haar aktivieren: Verquirlen Sie zwei Eigelb mit etwas Wasser, und tragen Sie diese Mischung auf die Kopfhaut auf. Ungefähr 20 Minuten einwirken lassen, danach mit lauwarmem Wasser gründlich ausspülen.

Gute Ergebnisse erzielen Sie auch mit einem aufgekochten Brei aus Kleie und Wasser. Den Brei auf die Kopfhaut geben und nach einiger Zeit ausspülen. Anschließend mit den Fingerspitzen etwas Klettenwurzelöl einmassieren.

Fettiges Haar

Fettiges Haar entsteht durch übermäßige Talgausscheidung. Waschen Sie fettiges Haar mit lauwarmem Wasser, in dem Sie zuvor Borax auflösen (einen Teelöffel Borax auf 2 l Wasser). Verzichten Sie auf Haarwäschen mit Seife, denn das aktiviert die Talgdrüsen zusätzlich. Warmer Kamillentee eignet sich ebenso hervorragend zum Entfetten der Haare wie auch Bier. Sie sollten fettiges Haar allerdings niemals mit stark alkoholhaltigen Mitteln behandeln.

Schuppen

Schuppen lassen sich mit Eigelb (siehe »Trockenes Haar«) und mit Bier (siehe »Fettiges Haar«) behandeln.

Spliß und brüchiges Haar

Verdünnen Sie ein wenig Lanolin mit Olivenöl, und massieren Sie es in die Haare. Darüber hinaus sollten Sie sich jede Woche die Spitzen nachschneiden lassen.

Hier ein Rezept für ein Haarfett, das schon unsere Großmütter gegen trockenes und widerspenstiges Haar verwendeten: 100 g weißes Wachs, 100 g Glyzerin und 450 g Mandelöl im Wasserbad erwärmen und gut verrühren. Mit den Fingerspitzen auf die Kopfhaut auftragen und mit den Handflächen ins Haar streichen.

Haarglanz

Dunkles Haar erhält mehr Glanz, wenn man nach dem Waschen etwas Essig in das letzte Spülwasser gibt.

Für blondes Haar eignet sich Weißwein im letzten Spülwasser. Eine Spülung mit Kamillentee verleiht blondem Haar eine sommerlich helle Tönung.

Mit Bier im letzten Spülwasser können Sie jede Haarfarbe intensivieren und ihr zu neuem Glanz verhelfen.

Haare färben

Die meisten im Handel erhältlichen Haarfarben können Sie bedenkenlos anwenden, denken Sie allerdings daran, daß die gewählte Farbe bei Ihnen etwas anders ausfallen kann als die auf der Packung angegebene Tönung. Machen Sie also erst einmal an einer unauffälligen Stelle die Probe. Dabei können Sie gleichzeitig feststellen, ob Ihre Haut allergisch auf die Tönung reagiert.

Haare färben

Wenn Sie Ihre Haare mit natürlichen Substanzen färben wollen, dann sollten Sie es mit Großmutters Rezepten versuchen:

So wird Ihr Haar dunkler. Geben Sie 30 g grünen Tee und 30 g getrocknete Salbeiblätter in einen Stahltopf, gießen Sie 3/4 l kochendes Wasser darüber, und lassen Sie das Ganze so lange köcheln, bis 1/3 der Feuchtigkeit verdampft ist. Nun nehmen Sie den Topf vom Herd und lassen den Sud 24 Stunden ruhen. Anschließend gießen Sie ihn durch ein feines Sieb und reiben ihn in die Haare; das sollte möglichst einige Stunden vor dem Schlafengehen geschehen, damit Ihre Haare zuvor trocknen können.

Braune und schwarze Haare erhalten durch eine Spülung mit Hennablättersud einen warmen Rotschimmer.

Blondes oder weisses Haar wird mit zu Brei verrührtem Hennapulver, das Sie über längere Zeit einwirken lassen müssen, knallrot.

Weisses, graues oder hellblondes Haar erhält mit einer schwachen Lösung aus Waschblau und lauwarmem Wasser einen schönen, silbrig glänzenden Schimmer. Sie sollten diese Tönung aber sicherheitshalber erst einmal an abgeschnittenen Haaren ausprobieren.

Graue Haare

Das natürliche Ergrauen der Haare läßt sich erfahrungsgemäß durch eine ruhige und ausgeglichene Lebensweise verzögern. Koffein im Kaffee wird verdächtigt, das Ergrauen des Hauptes zu beschleunigen. Großmutter rät folglich, koffeinfreien Kaffee zu sich zu nehmen und die Haare nach dem Waschen regelmäßig mit Regenwasser und einem Schuß Essig zu spülen.

Haarausfall

Der folgende Abschnitt bezieht sich nicht auf Haarausfall, der infolge einer Krankheit auftritt. In diesen Fällen müssen Sie dringend einen Arzt aufsuchen.

Obwohl es sich bei starkem Haarausfall und Glatzenbildung meist um Erbanlagen handelt, heißt das keineswegs, daß man nichts dagegen tun könnte, denn häufig gesellen sich auch schlechte Angewohnheiten, die den Haarausfall begünstigen, dazu. Falsche Ernährung und falsche oder mangelhafte Haarpflege wirken sich ebenso schlecht auf den Haarwuchs aus wie starke psychische Belastungen und innere Verspannungen. Auch Jod-, Eisen- und Vitaminmangel (vor allem des Vitamin-B-Komplexes) können Haarausfall verursachen. In diesem Fall sollten Sie täglich Bierhefe (in der Apotheke erhältlich) zu sich nehmen, denn sie ist reich an allen Vitaminen des Vitamin-B-Komplexes. Ebenso empfiehlt sich der Verzehr von Joghurt. Jod und Eisen sind besonders in Leber, Fisch und Weizenkeimen enthalten.

Gleichermaßen wichtig ist, daß die Kopfhaut frei ›atmen‹ kann (keine Hüte oder enge, dicht abschließende Kopfbedekkungen tragen), daß man die Kopfhaut zweimal täglich massiert, daß das Austrocknen oder Verfetten der Haare verhindert wird und Haare und Kopfhaut jeden Tag eine gründliche Pflege erhalten.

In besonders hartnäckigen Fällen sollten Sie, quasi als Ultima ratio, folgende Rezepte für Haarwuchsmittel beachten, die schon zu Großmutters Zeiten Verwendung fanden:

Rezept 1: Kaufen Sie beim Metzger 100 g Rindermark und 1 Pfund Suppenfleisch vom Rind. Lassen Sie das Fleisch – ohne Salzzugabe – einige Stunden in einer feuerfesten Steingutkasserolle garziehen und anschließend abkühlen. Schöpfen Sie das Fett von der Bouillon ab, erhitzen Sie es zusammen mit dem Mark im Wasserbad. Danach sieben Sie das Fettgemisch durch ein Leinentuch und geben so viel Oliven- oder Haselnußöl dazu, bis eine weiche Salbe entsteht. Von dieser Salbe massieren Sie nun kleine Mengen in die Kopfhaut ein. Dadurch wird der Haarwuchs angeregt.

Rezept 2: Verrühren Sie 120 g Jamaikarum, 30 g Rosenwasser, 60 g Olivenöl und 1 Tropfen Spanische-Fliege-Tinktur – ein altes Hausmittel, um den Haarwuchs zu fördern und frühes Ergrauen der Haare zu verhindern.

Kahle Stellen sollten Sie – Großmutters Rat befolgend – mit einer Lösung aus 50 g Petroleum und 300 g Weingeist oder mit Mandelöl und einigen Tropfen Salizyl oder auch mit einer

Haarausfall

Mischung aus gleichen Teilen Branntwein, Seifenspiritus und Fichtennadelöl massieren. Auch Klettenwurzelöl, mit Branntwein im Verhältnis 1:4 gemischt und mit den Fingerspitzen sparsam auf die Kopfhaut aufgetragen, ist ein altbewährtes Hausmittel gegen Haarausfall.

Beinhaare

STARKER HAARWUCHS an den Beinen läßt sich erfolgreich behandeln, indem man die Beine täglich mit Bimsstein scheuert. Falls die Haut davon trocken und rauh wird, sollten Sie sie mit ein wenig Glyzerin oder einer Gurkenscheibe einreiben. Greifen Sie gegen Haarwuchs an den Beinen aber nicht zum Rasierapparat, die Haare werden um so stärker nachwachsen.

Bewährt hat sich auch die Methode, die Haare auf Armen und Beinen mit warmem, flüssigem Wachs zu epilieren. Sobald das Wachs erstarrt ist, zieht man es zusammen mit den Haaren ab oder rollt einen runden Stock über das erstarrte Wachs, das sich sodann um den Stock wickelt. Im Handel sind auch Wachsstreifen erhältlich, die erst durch die Körpertemperatur auf der Haut weich werden, anschließend wieder erstarren und dann mit den Haaren entfernt werden können.

Die elektrische Enthaarungsmethode ist die einzig effektive Haarentfernungsmethode, sofern sie fachmännisch durchgeführt wird. Die Haarwurzeln werden verbrannt, so daß an diesen Stellen kein oder nur noch sehr wenig Haar wächst. Die Behandlung erfolgt Haar für Haar in verschiedenen Sitzungen bei der Kosmetikerin.

Wimpern Massieren Sie vor dem Schlafengehen Ihre Augenlider mit Rizinusöl und einer weichen Bürste. Damit fördern Sie Wuchs und Dichte Ihrer Wimpern.

Hautprobleme

Akne Akne tritt bei Jugendlichen hauptsächlich im Gesicht und am Oberkörper auf und wird meist von Mitessern begleitet. Diese Hautkrankheit äußert sich durch kleine, manchmal eitrige Pickel, die auf eine Entzündung der Talgdrüsen hinweisen. Diese Pickel dürfen auf keinen Fall ausgedrückt werden, denn dadurch wird die Haut zusätzlich gereizt. Waschen Sie statt dessen die Haut regelmäßig – morgens und abends – mit Schwefelseife und lauwarmem Wasser. Mit einem weichen Papiertuch abtrocknen und das Tuch danach wegwerfen. Tragen Sie abends Schwefelsalbe auf.

Nutzen Sie die heilende Wirkung der natürlichen UV-Strahlen, indem Sie die betroffenen Hautpartien bewußt dem Licht der Sonne zuwenden. Meiden sie fette und stark gewürzte Speisen, Eier und Schokolade. Achten Sie einen Tag nach dem Genuß einer bestimmten Speise auf Hautreaktionen. So können

Akne

Sie Ihren eigenen Diätplan aufstellen. Darüber hinaus empfiehlt sich die regelmäßige Einnahme von Bierhefe, entweder frisch oder in Tablettenform.

Mitesser

Mitesser (Komedonen) sind kleine schwarze Talgpfropfen um Nase, Kinn und Augen. Sie sehen wie schwarze Poren aus und treten besonders häufig bei jungen Menschen auf. Bei der Behandlung sollte man darauf achten, daß die Haut nicht durch allzu eifriges ›Herumdoktern‹ pockennarbig wird. Heiße Gesichtsdampfbäder aktivieren die Schweiß- und Talgdrüsen und weichen die Pfropfen auf, so daß man sie mit einem Komedonenquetscher entfernen kann. Ein Komedonenquetscher ist ein löffelartiges Gerät mit einem kleinen Loch, das man über den Mitesser legt, der sodann durch leichten Druck herausspringt. Die so behandelten Hautpartien müssen danach desinfiziert werden. Vorbeugend gegen Mitesser sollten Sie häufig heiße und kalte Gesichtsbäder anwenden und anschließend die Haut mit Zitronensaft abtupfen.

Juckreiz Juckreiz ist häufig die Folge von zu trockener Haut. Reiben Sie die Haut mit Talkumpuder (Babypuder), Olivenöl oder ungespritzten Apfelsinen- und Zitronenscheiben ein. Zuvor sollten Sie sich mit einer weichen Bürste und grüner Seife gewaschen und danach mit einem groben Frotteehandtuch sorgfältig abgetrocknet haben. Ein sehr altes Hausrezept rät gegen Juckreiz, einen Mehlbrei einige Zeit auf der Haut einwirken zu lassen.

Tritt der Juckreiz vor allem nachts auf, empfiehlt es sich, die betroffenen Hautstellen vor dem Schlafengehen mit verdünntem Kampferextrakt oder mit Branntwein einzureiben.

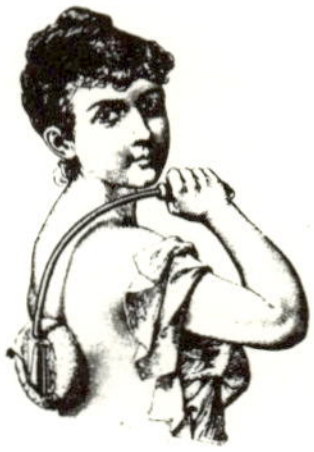

Zellulitis Zellulitis ist eine unregelmäßige Hautveränderung, die hauptsächlich an Beinen und Hüften auftritt und von der Frauen häufiger betroffen sind als Männer. Zellulitis wird durch Fettablagerungen im Gewebe verursacht. Wenn man die Haut an den betreffenden Stellen leicht zusammendrückt, sieht sie wie die Oberfläche einer Orangenschale aus.

Zellulitis können Sie durch regelmäßiges intensives Bürsten und Waschen mit Schwefelseife behandeln. Anschließend mit einem nicht fettenden Massageöl einreiben und massieren. Achten Sie auf ausreichende Bewegung, und befreien Sie sich vor allem von unnötigem Übergewicht. Auch von innen können Sie etwas gegen die Orangenhaut unternehmen: Halten Sie sich an eine fettarme Diät, und meiden Sie Gewürze und schwerverdauliche Nahrungsmittel. Trinken Sie viel Grapefruitsaft oder verdünnten Zitronensaft, und achten Sie auf eine ausreichende Versorgung mit Kalzium.

Sommersprossen

Bei diesen kleinen, braunen Tupfen auf der Haut handelt es sich um Pigmentflecken, die häufig bei rothaarigen Menschen vorkommen. Unter Sonnenbestrahlung nehmen sie an Intensität und Stärke zu. Sommersprossen lassen sich, wenn die Eitelkeit es verlangt, entweder mit Gurkenmasken (siehe »Gesichtsmasken«) aufhellen oder indem man sie vor dem Schlafengehen mit Zwiebel- oder Zitronensaft abreibt.

Schweißfüße

Verwenden Sie keine Mittel, die die Poren schließen, denn Schwitzen ist ein natürlicher Vorgang, bei dem bestimmte Giftstoffe ausgeschieden werden, die den Körper nicht auf anderem Weg verlassen können. Waschen Sie die Füße regelmäßig, aber nicht zu häufig, denn dadurch werden wiederum die Schweißdrüsen angeregt. Schwitzen die Füße ungewöhnlich stark, dann empfiehlt sich eine tägliche Behandlung mit heißen oder kalten Fußbädern unter Zusatz von Meersalz oder Alaun. Sollte dies alles nicht zum Erfolg führen, dann versuchen Sie es doch mit einem Rezept aus Großmutters Zeiten: Nehmen Sie täglich eine frisch gepreßte Knoblauchzehe mit warmer Milch zu sich.

Hühneraugen

Hühneraugen entstehen an Druckstellen, z. B. durch zu enges Schuhwerk. Eine altbewährte Hühneraugensalbe läßt sich aus den folgenden Zutaten herstellen: Schmelzen Sie 8 g Kiefern-

Hühneraugen

harz, 12 g Terpentin (Harz) der Lärche (Pinie), 48 g reines, gelbes Wachs und 16 g Vaseline, und lösen Sie darin 8 g Salizylsäure sowie 8 g Perubalsam.

Auch der Saft von Efeublättern hilft gegen Hühneraugen. Legen Sie ein essiggetränktes und sorgfältig ausgedrücktes Efeublatt auf das Hühnerauge, und befestigen Sie es mit einem Verband. Diesen Vorgang mehrmals wiederholen. Nehmen Sie zuvor ein möglichst heißes Fußbad mit Pottasche (Kaliumkarbonat).

Ein anderes altbewährtes Rezept empfiehlt, eine halbierte Rosine mit einem Pflaster auf das Hühnerauge zu kleben. Die Rosine täglich erneuern. Nach einigen Tagen kann man das Hühnerauge problemlos wegnehmen.

Hände

RAUHE HÄNDE werden wieder weich, wenn man sie regelmäßig mit Glyzerin und Zitronensaft massiert. Sollte die Haut jedoch bereits rissig geworden sein, dann empfiehlt es sich, die rauhen Stellen vor dem Schlafengehen mit einem Bimsstein zu schleifen und die Hände anschließend dick mit Glyzerin und Zitronensaft oder mit einer lanolinhaltigen Salbe einzucremen, die über Nacht einwirken kann. Eine Creme aus Kampferextrakt und Glyzerin (zu gleichen Teilen) eignet sich gleichermaßen. Verrühren Sie die Zutaten in einem Mixer; die Creme wird dann locker und schaumig.

Eine andere, sehr gute Creme können Sie aus 10 g Vaseline, 30 g Rosenwasser, 30 g Lanolin und 30 g Orangenblütenwasser herstellen oder indem Sie 5 g Perubalsam mit 200 g Vaseline verrühren. Darüber hinaus empfiehlt es sich, die Hände hin und wieder in eine warme Lösung aus Meersalz oder Alaun und Wasser zu tauchen.

Gönnen Sie Ihren Händen in regelmäßigen Abständen die wohltuende Wirkung einer Lotion, die Sie entweder zu gleichen Teilen aus Zitronensaft, Glyzerin, Rosenwasser und Kölnisch Wasser anfertigen oder indem Sie frisch gepreßten Tomatensaft, Zitronensaft und Glyzerin zu gleichen Teilen verquirlen. Zitronensaft reinigt nicht nur die Hände, er stärkt und kräftigt auch Ihre Fingernägel. Putz- oder Reinigungsarbeiten sollten Sie grundsätzlich mit gefütterten Gummihandschuhen ausführen.

Schwitzhände sollten Sie ab und zu in Kölnisch Wasser oder in einer Wasser-Alaun-Lösung waschen und mit Kampferextrakt einreiben.

Kalte Hände. Wenn Sie unter kalten Händen leiden, probieren Sie es doch einmal mit einer Kneippkur. Halten Sie Ihre Hände einige Zeit in eine Schüssel mit warmem Wasser. Anschließend tauchen Sie sie etwa eine Minute lang in kaltes Wasser, dann wieder in warmes usw. Wiederholen Sie diesen Vorgang mehrmals täglich.

Fingernägel. Brüchige Fingernägel sollten Sie täglich mit ein wenig Fettcreme einreiben. In Drogerien sind spezielle Nagel-

Hände härter erhältlich, die Sie ein- bis zweimal in der Woche auftragen können. Kieselerde und Kalzium (entsprechende Präparate erhalten Sie in Apotheken oder Drogerien) stärken Ihre Fingernägel zusätzlich. Weiche Fingernägel werden wieder kräftig, wenn man sie ein- bis zweimal in der Woche in einem Schälchen mit Rizinusöl und ein paar Tropfen Zitronensaft für 10–15 Minuten badet.

Rauhe Ellenbogen

Schrubben Sie rauhe Ellenbogen mit einer Nagelbürste. Anschließend erwärmen Sie etwas Mandelöl, das Sie in zwei ausgepreßte Zitronenhälften geben. Stützen Sie Ihre Ellenbogen 10 Minuten lang in diese Zitronenschalen. Danach entfernen Sie das Öl mit Papiertüchern und massieren die Haut mit einer Mischung aus Glyzerin und Zitronensaft. Zu Großmutters Zeiten rieb man die rauhen Ellenbogen auch mit Avokadoschalen ein.

Bäder, Kräuterkissen, Riechsalz

Bäder

Verjüngungs-, Schönheits- und Entspannungsbäder. Ab und zu sollte man sich ein Luxusbad gönnen. Bäder dienen ja nicht nur der Reinigung, sie steigern auch das körperliche und seelische Wohlbefinden. Die Haut wird weich und schön, der Kreislauf wird stimuliert, die Muskeln entspannen sich, und anschließend setzt eine wohltuende Schläfrigkeit ein.

Geben Sie ein Pfund Haferkleie in ein Baumwollsäckchen, und lassen Sie die Kleie in einer dreiviertelvollen Wanne zehn Minuten einweichen. Dann drücken Sie das Säckchen im Wasser aus und verteilen die Kleie. Nun füllen Sie die Wanne und legen sich für ca. 20 Minuten in das Bad. (Sie können die Kleie auch in einer Schüssel einweichen und dann erst ins Badewasser geben.) Lassen Sie das Wasser spielerisch über Ihren Körper fließen, und massieren Sie sanft Ihre Haut. Ein solches Bad macht Ihre Haut angenehm weich und beruhigt die Nerven.

Eine vitaminreiche Wohltat für Ihre Haut besteht aus einer Mischung von 1 1/2 Pfund Weizen- und Roggenmehl, die man in einer Schüssel mit kaltem Wasser anrührt und dann ins Badewasser gibt. Nach dem Bad die Haut gründlich duschen.

Bäder

Kartoffelstärkemehl macht Ihre Haut zart und weich. Verrühren Sie ein bis zwei Pfund Stärkemehl in kaltem Wasser zu einem Brei, den Sie ins Badewasser geben. 20 Minuten darin baden.

Ein stärkendes Bad erhalten Sie, wenn Sie einige Löffel Salz (am besten Meersalz) im Badewasser auflösen. Die Wirkung steigt mit der Temperatur und Salzkonzentration und unterstützt darüber hinaus jede Schlankheitsdiät. Nicht länger als 20 Minuten und am besten kurz vor dem Schlafengehen darin baden, denn ein Salzbad entspannt und macht träge und schläfrig. Gründlich abduschen, die Haut kräftig trockenreiben und nackt unter die Decke schlüpfen.

Kräuterkissen

Früher – als es noch keine Deodorantsprays gab – führten elegante Damen kleine, herrlich duftende Kräuterkissen mit sich, die mit getrockneten und pulverisierten Kräuterblättern von Pfefferminz, Lavendel, Veilchen, Rosen und Zitronen gefüllt waren. Die Blätter wurden erst getrocknet, als Pulver zwischen Wattebäusche gestreut und in einem Batistsäckchen in der Kleidung getragen oder in den Kleiderschrank gelegt.

Riechsalz

Indonesisches Riechsalz: 30 g pulverisierte Rosenblätter, 15 g Zimt, 5 g Sandelholz, 1 g Nelken, 1 g Lavendelöl und 1 g Rosenöl.

Veilchenriechsalz: 90 g Veilchenwurzel, 100 g Duftharz (z. B. das Harz des in Sumatra wachsenden Benzoebaumes), 20 g Tonkabohnen (wohlriechender Samen des Tonkabaumes, der in den Tropen Südamerikas wächst), 20 g Akazienextrakt und 2 Tropfen Bittermandelöl.

Kapitel 11

Es grünt so grün
Anregungen für den Umgang mit Blumen und anderen Pflanzen

Es ist erstaunlich, wie seelenlos ein Haus oder eine Wohnung ohne Blumen oder Pflanzen wirken. Da kann das ganze Terrain mit Designermöbeln, Art-deco-Objekten oder feinstem Jugendstil bestückt sein – ohne Blumen bleibt das ganze Interieur irgendwie steril.

Nun gibt es Zeitgenossen, die felsenfest an ein Seelenleben und eine spezifische Sprache der Pflanzenwelt glauben, doch es sei Ihnen versichert: Um für Ihre häusliche Vegetation eine artgemäße Pflege und ein adäquates Dasein zu gewährleisten, ist es nicht zwingend notwendig, das Ohr an das Blattwerk zu legen, um dem biologischen Geflüster zu lauschen. Es gibt im Gegenteil sehr viel einfachere Vorgehensweisen. Wenn Sie die Pflanze Ihrer Wahl kontinuierlich beobachten oder sich gar mit ihrem biologischen Hintergrund vertraut machen, erkennen Sie die beste Pflegemethode sehr schnell wie übrigens auch die Verträglichkeit einzelner Pflanzen in der Kombination mit anderen Gewächsen.

Hier jedoch einige Tips, was Sie beim Umgang mit Pflanzen in jedem Fall vermeiden sollten:

1) Zu wenig gießen. Obwohl Pflanzen überraschend lange aushalten, mögen sie dies einfach nicht und neigen dazu einzugehen. Ist die Erde im Blumentopf einmal rissig geworden, hilft meist nur noch Umtopfen.

2) Zu oft gießen (Überwässern). Das ist genauso ungesund wie die erste Methode. Über das richtige Wässern können Sie sich bei jedem Gärtner oder Blumenhändler erkundigen.

3) Lichtentzug lieben Pflanzen (abgesehen von wenigen Ausnahmen) genausowenig wie andere Lebewesen.

4) Überdüngung. Besonders für Topf- oder Kastenpflanzen ist eine Überdüngung eher schädlich als nützlich. Die Erde verändert sich in der chemischen Zusammensetzung und kann tatsächlich der Pflanze den Garaus machen. Im Garten sind die Toleranzen etwas höher.

Da es einerseits Tausende von Pflanzen gibt, andererseits aber auch mindestens ebensoviel Garten- und Pflanzenbücher (von unterschiedlicher Qualität), haben wir uns darauf beschränkt, allgemeine Ratschläge unter besonderer Berücksichtigung ihrer ›Haushaltsverträglichkeit‹ zu sammeln. Die Tips unterteilen sich in die Rubriken »Schnittblumen«, »Zimmerpflanzen«, (Blumenzwiebeln, Blumentöpfe u. ä.) und »Gartenpflanzen« (Dünger, Rasen, Rosen etc.). Spezielleres überlassen wir den Fachleuten. Zum guten Schluß folgt dann – weil wir nach fleißiger Umschau zu der Erkenntnis gelangt sind, daß dieser in den meisten Haushalten fehlt – ein Saat- und Pflanzenkalender.

Schnittblumen

Blumenarrangement

Für ein Blumenarrangement mit weniger als 15 Blumen sollten Sie immer eine ungerade Zahl wählen. Kürzen Sie die Blumenstengel so, daß die Blüten nicht alle auf einer Höhe stehen. Kombiniert mit Schleierkraut, dem Grün von Nadelbäumen oder Asparagus erhält das Bukett zusätzliche Farbreize und Lebendigkeit.

Wenn Sie das Blumenwasser mit Nährstoffen anreichern wollen, sollten Sie auf Metallvasen verzichten und statt dessen solche aus Steingut oder Glas verwenden.

Für stabile Blumenarrangements in kleineren Gefäßen leisten Kükendraht oder Steckmasse gute Dienste. Steckmasse besteht aus schwammähnlichem Material, in das man die Blumen von allen Seiten hineinstecken kann.

Blumen schneiden

Einen weichen Blumenstengel schneiden Sie einfach mit einem Messer schräg ab. Einen verholzten Stiel müssen Sie von unten kreuzweise einschneiden oder ein Stück Rinde entfernen (die Stielenden von Flieder sollten sogar faserig eingeschnitten werden, da sie sonst nicht genügend Wasser aufnehmen können). Die Blumen unmittelbar nach dem Anschneiden in die Vase stellen.

Geknickter Blumenstiel

Umwickeln Sie die Knickstelle mit Klebefilm. Sollte der Klebefilm nicht genug Halt geben, umwickeln Sie den Blumenstiel spiralartig mit dünnem Draht.

Blumenwasser

Schnittblumen bleiben länger frisch, wenn Sie ein Löffelchen Zucker und ein paar Tropfen Bleichwasser auf 1 l Blumenwasser geben. Bei Blumen, die sich sehr lange halten, z. B. bei Chrysanthemen, sollte mehrmals in der Woche das Wasser erneuert und jeweils mit Zucker und Bleichwasser angereichert werden.

Leicht angewelkte Blumen, die längere Zeit ohne Wasserzufuhr waren, erholen sich, wenn man dem Blumenwasser in der Vase eine Kopfschmerztablette beigibt.

Pfennigstücke (Kupferstärke), ein Stück Holzkohle, ein Spritzer Essig oder auch Alaun verzögern gleichermaßen den Prozeß der Wasserfäulnis und verlängern damit das Leben Ihrer Blumen. Achten Sie auch darauf, alle Blätter am unteren Teil des Stengels zu entfernen, da diese sonst im Wasser zu faulen beginnen.

Blume im Knopfloch

Blumen mit verholztem Stiel bleiben länger frisch, wenn man das untere Ende des Stengels kurz in eine Flamme hält und damit verschließt.

Schnittblumen halten sich länger, wenn Sie den frisch angeschnittenen Stengel mit einem nassen Wattebausch und Alufolie umwickeln.

Standhafte Vase Füllt man den unteren Teil der Vase mit Kieselsteinen oder Murmeln, hat sie einen besseren Stand.

Zimmerpflanzen

Verstaubte Blätter Pflanzenblätter atmen. Deshalb sollten Sie sie mit einem Schwämmchen reinigen oder mit Wasser absprühen, wenn sie verstaubt sind.

Blattläuse Besprühen Sie die Blätter – vor allem die Blattunterseiten – und Stengel der befallenen Pflanze täglich mit einer Lösung aus Wasser und einem Schuß Spiritus oder aus 10 Teilen Tabaksud, 10 Teilen Spiritus, 20 Teilen grüner Seife und 960 Teilen Wasser.

Ein altes, sehr effektives Hausmittel empfiehlt, die Blumenerde einfach mit einem Aufguß aus Tabak und Brennesseln zu gießen oder mit Zigarren- bzw. Zigarettenasche zu bestreuen.

Blumenkästen Die Wurzelballen der Pflanzen und die Erde der Blumenkästen müssen vor dem Einpflanzen gut angefeuchtet bzw. gewässert werden.

Blumentopfuntersetzer

Blumentopfuntersetzer gibt es in unterschiedlichen Größen; sie besitzen kleine Erhebungen im Boden, auf die die Blumentöpfe gestellt werden können und die dafür sorgen, daß die Töpfe trocken stehen.

Blumentöpfe

Blumentöpfe aus Ton sollte man vor dem ersten Gebrauch einige Stunden wässern, damit sie sich mit Wasser vollsaugen können und später der Blumenerde nicht zuviel Feuchtigkeit entziehen.

Für gute Belüftung der Wurzeln sind nicht unbedingt poröse Tontöpfe erforderlich. Solange ein Blumentopf einen großen Topfumfang und damit eine genügend große Oberfläche bietet, bekommen die Wurzeln auf diesem Weg ausreichend Sauerstoff, allerdings nur, wenn die Erde nicht zu fest angedrückt ist. Am besten legen Sie ein paar alte Tonscherben unten in den Topf.

Blumentöpfe aus Kunststoff, Porzellan, Keramik und glasierte Tontöpfe, deren Wände nicht luftdurchlässig sind, haben meistens auch keine Ablauflöcher im Boden. Es besteht die Gefahr, daß sich das Wasser am Boden sammelt und die Wurzeln zu faulen beginnen. Lassen Sie deshalb Löcher in den Boden bohren, oder bedecken Sie den Boden des Topfes mit einer Schicht Kies als Drainage.

Blumenzwiebeln

Wann sollte man die Zwiebeln setzen? Der günstigste Zeitpunkt zum Einsetzen von Blumenzwiebeln liegt zwischen September und November. Wünschen Sie z. B. zu Weihnachten

Blumenzwiebeln

blühende weiße Narzissen (Narcissus Tazetta), dann sollten Sie sie spätestens sechs Wochen vorher in ein Gefäß mit Kies und Wasser legen, aber achten Sie darauf, daß die Zwiebeln nicht im Wasser stehen.

Die Zwiebeln folgender Blumen entwickeln sich bei Zimmertemperatur: Hyazinthe, Tulpe, Narzisse, Krokus, Vallóta, Veltheimia, Aronstab und Amaryllis.

Zu viel und zu frühes Licht. Blumenzwiebeln, die in Kies und Wasser gesetzt werden, sollte man mit Ausnahme von Vallóta, Veltheimia und weißer Narzisse nicht zu früh dem Licht aussetzen. Stellen Sie die Gefäße erst dann ins Sonnenlicht, wenn die Zwiebeln bereits 8 cm lange, gelbe Sprößlinge getrieben haben (bei kleineren Gewächsen etwa 5 cm). Wachstum und Wasseraufnahme finden hauptsächlich im Dunkeln statt.

Vertrocknen. Achten Sie sorgfältig auf den Wasserstand in den Pflanzenschalen, denn wenn die Zwiebeln wachsen, ist das Wasser sehr schnell verbraucht, besonders bei hoher Zimmertemperatur und trockener Luft. Füllen Sie also das Wasser regelmäßig auf.

Verwelkte Blüten

Entfernen Sie täglich die verwelkten Blätter und Blüten von Zimmer- und Gartenpflanzen. Die Pflanzen bleiben dadurch gesund und treiben neue Blüten aus.

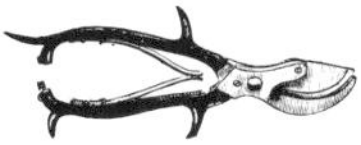

Erdflöhe

Wenn Ihre Blumentöpfe von Erdflöhen befallen sind, stecken Sie einfach einige Streichhölzer mit dem Zündkopf nach unten in die Blumenerde. Schon nach kurzer Zeit werden die Plagegeister verschwunden sein.

Frost

Lassen Sie die gefrorene Pflanze nur langsam wieder auftauen, da sie sonst abstirbt. Am besten besprühen Sie sie mit kaltem Wasser und stellen sie in einen dunklen, kalten, aber frostfreien Raum, bis die Pflanze aufgetaut ist.

Hängepflanzen

Bohren Sie in den Rand einer runden Schale drei Löcher mit gleichem Abstand zueinander. Durch diese Löcher schieben Sie kleine Haken, die an drei gleichlangen Ketten angebracht sind. Diese werden wiederum mit einem Ring zusammengehalten, der sich mit einem stabilen Haken an der Zimmer- oder Balkondecke befestigen läßt. So kann die Pflanze an allen Seiten herabhängen. Für solche Blumenampeln eignen sich besonders der Stern von Bethlehem (Campánula) und die Leuchterblume (Ceropégia).

Knospen Knospen von Zimmerpflanzen (z. B. Alpenveilchen) treiben früher, wenn Sie die Pflanze auf einen kleinen Tisch vor das Fenster stellen, so daß die Knospen genügend Licht erhalten.

Pflanzendusche Stellen Sie Ihre Blattpflanzen ruhig ab und zu einmal unter die Dusche. Achten Sie jedoch darauf, daß dabei die Blumentopferde nicht überwässert wird. Sehr hilfreich ist in diesem Zusammenhang eine aus Alufolie oder aus einer Plastiktüte ausgeschnittene Scheibe mit einem etwas größeren Durchmesser als der Blumentopf. Wenn Sie die Scheibe bis zur Mitte einschneiden, können Sie sie problemlos über den Blumentopf stülpen und so die Erde während der »Pflanzendusche« trocken halten.

Pflanzen gießen Pflanzen sollte man gelegentlich zusammen mit dem Topf in Wasser tauchen, bis die Luft (Luftblasen) aus der Erde entwichen ist. Ihren Pflanzen bekommt es besser, sie auf diese Weise einmal in der Woche zu wässern, statt sie mehrmals wöchentlich zu gießen. Sollten Sie Ihre Pflanzen gießen, dann achten Sie darauf, daß in den Blumenuntersetzern kein Leckwasser stehenbleibt, da sonst die Luftzirkulation an den Wurzeln behindert wird.

Pflanzen gießen

Am besten gießen Sie Ihre Blumen mit zimmerwarmem Regenwasser oder – falls das nicht möglich ist – mit kaltem, abgekochtem und dadurch kalkfreiem Wasser. Sammeln Sie alle Wasserreste, wenn Sie Tee, Kaffee oder Eier kochen, in einem großen Eimer. Falls Ihr Haus noch über ein Regenrohr verfügt, leiten Sie das Wasser in eine Regentonne. Achten Sie darauf, daß die Tonne mit einem Deckel dicht verschlossen ist, auch rund um das Rohr

Besonders in beheizten Räumen sollte man alle Pflanzen regelmäßig mit Wasser besprühen, vor allem die Unterseite der Blätter. Im Handel sind Wasserzerstäuber erhältlich, in denen das Wasser hochgepumpt und durch unterschiedliche Düsen auf die Pflanzen gesprüht werden kann.

Pflanzen in Balkonkästen benötigen täglich viel Wasser, da der Boden die Feuchtigkeit nicht lange hält. Anfangs müssen Sie nicht so häufig düngen; später allerdings mindestens einmal in der Woche, denn die Blumenerde enthält nur für einen bestimmten Zeitraum Dünger. Darüber hinaus stehen in Balkonkästen meist einjährige, anspruchsvolle Pflanzen, so daß Düngen sehr schnell erforderlich wird.

Füllen Sie Blumentöpfe und -kästen nur bis etwa 2 cm unterhalb des Randes mit Erde, da sie sich so einfacher gießen lassen. Blumenkästen sollten an der Unterseite durchstochen werden, damit überschüssiges Wasser ablaufen kann.

Pflanzen während des Urlaubs wässern Plazieren Sie alle Pflanzen für die Zeit Ihres Urlaubs um einen Tisch, auf den Sie einen großen Eimer Wasser stellen. Von diesem Eimer wiederum führen Sie dicke Wollfäden zu den Pflanzen und vergraben sie in der Erde. So können sich die Pflanzen auch über einen längeren Zeitraum mit Wasser versorgen.

Pflanzeninsel Falls eine blütenreiche Pflanze, z. B. eine winterblühende Begonie oder Azalee, in einem beheizten Zimmer zu trocken wird, stellen Sie sie auf eine kleine umgedrehte Schale, die in einer größeren Schale mit Wasser liegt. Das verdunstende Wasser verhindert das Austrocknen von Blüten und Blättern.

Sukkulenten Diese Pflanzen erkennt man an ihren fleischigen und saftigen Blättern, die eine Art Wasserreservoir darstellen. Im Winter, nach der Blütezeit, benötigen sie zwar nur wenig Wasser, sind aber aufgrund ihrer saftigen Blätter besonders frostanfällig. Vorsicht ist geboten!

Umtopfen Wenn die Erde sauer oder der Topf für das Wurzelwerk zu eng geworden ist (häufig wachsen die Wurzeln dann bereits durch die Ablauflöcher im Boden), sollten Sie die Pflanzen in ein größeres Gefäß umtopfen.

Umtopfen

Bedecken Sie die Löcher im Topfboden mit Tonscherben. Darüber legen Sie eine Schicht frischer Blumenerde und setzen die Pflanze mit Wurzelballen in den Topf. Zuvor sollten Sie den Wurzelballen gut wässern und alte Erdklumpen entfernen. Anschließend füllen Sie den Topf mit Blumenerde auf (achten Sie darauf, daß der Wurzelballen vollständig mit frischer Erde bedeckt ist) und drücken sie fest an.

Sie können Ihre Pflanzen das ganze Jahr hindurch umtopfen, mit einer Ausnahme: nicht vor oder während der Blütezeit.

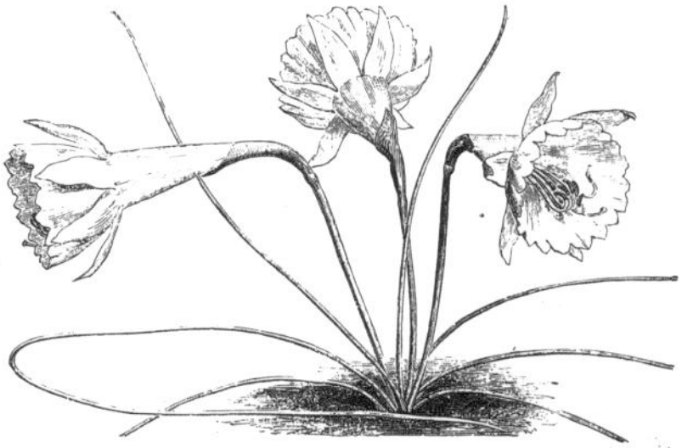

Gartenpflanzen

Astern

Wenn Sie in Ihrem Garten Astern gepflanzt haben, sollten Sie an dieser Stelle mindestens drei Jahre lang keine neuen Astern setzen. Damit verhindern Sie die sogenannte Asternwelke, die sich durch dunkel verfärbte Stellen am Wurzelhals äußert und dazu führt, daß die Pflanzen eingehen.

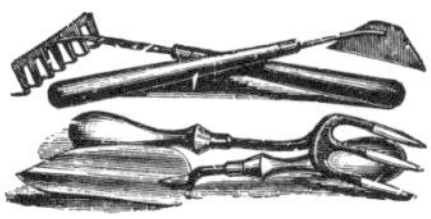

Blumenzwiebeln

Blumenzwiebeln, die im Frühjahr als erste Frühlingsboten treiben sollen, müssen vor dem ersten Frost in die Erde eingesetzt werden.

Dunkle Erde

Dunkle Erde eignet sich für Gartenpflanzen wesentlich besser als helle, da sie mehr Licht und Wärme absorbiert, also physikalisch und biologisch aktiver ist. Früher hat man zu diesem Zweck zu helle Erde gerußt (kein Ölruß). Das Untergraben dunkler Erde oder einige Schieferstücke in Steingärten erfüllen denselben Zweck.

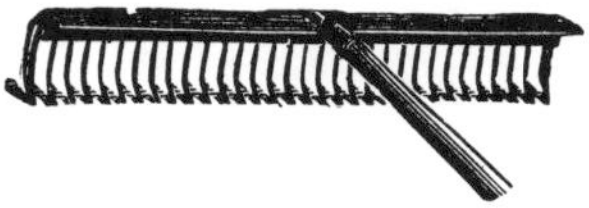

Düngen

MIT KOMPOST DÜNGEN. Kompost entsteht durch biologische Prozesse von organischem Abfall. Die Abfälle aus der Küche (Schalen, Salatblätter usw.) und aus dem Garten (Erde, Blätter, Gras) werden aufeinandergeschichtet. Legen Sie kleine Holzstücke dazwischen, damit der Kompost atmen kann und nicht zu gären und damit zu stinken beginnt. Geben Sie ab und zu etwas Erde und Kalziumkarbonat auf den Komposthaufen. Sie können sich eine Kompostecke für Ihren Garten leicht selbst bauen, aber auch einen fertigen Kompostverschlag (z. B. aus Drahtgeflecht) im Fachhandel kaufen. An besonders heißen und trockenen Sommertagen sollte der Komposthaufen mitgegossen werden.

THOMASMEHL ist ein kalkhaltiger Dünger, der (zusammen mit Stallmist) eine gute Düngung gewährleistet und sogar Kleewuchs verhindern kann. Im Herbst auf den Boden geben.

Düngen

BÄUME DÜNGEN UND GIESSEN. Denken Sie daran, daß sich die Wurzeln der Bäume manchmal in einem beträchtlichen Abstand zum Stamm befinden. Deshalb sollten Sie nicht nur die Fläche um den Stamm herum düngen, sondern auch das weitere Umfeld des Baumes.

Engerlinge

Engerlinge sind unterirdisch lebende Käferlarven, die sehr viel Schaden anrichten können. Gegen Engerlinge in Ihrem Blumenbeet können Sie erfolgreich vorgehen, indem Sie im Herbst oder Winter mit Kalk düngen.

Knoblauch

Stecken Sie die einzelnen Zehen in einem Abstand von 15 cm und etwa 10 cm tief in die Erde (am besten im Frühjahr). Sie können Knoblauch auch in Blumentöpfen und -kästen ziehen.

Licht

Gartenpflanzen brauchen Sonne. Achten Sie beim Anlegen Ihres Gartens darauf, daß die Blumenbeete über den Tag verteilt genügend Licht erhalten und nicht durch den Schatten von Bäu-

Licht men oder Hecken an der Entfaltung ihrer ganzen Pracht gehindert werden.

Mehltau Bei hoher Luftfeuchtigkeit werden Pflanzen im Sommer häufig von Mehltau befallen. Bestreuen Sie die entsprechenden Pflanzen mit Schwefelpulver, oder setzen Sie Tagetes oder Zwiebeln dazwischen.

Früher behalf man sich gegen Mehltau auch mit der sog. ›Rosenseife‹, die aus 20 Teilen Schmierseife, 10 Teilen Brennspiritus, einem Teil Salizylsäure und einem Eimer Wasser (etwa 10 l) angerührt wurde.

Gute Pflanzenerde Mischen Sie Humus und Kompost mit feinem Lehm und grobem Sand.

Pflanzennachbarn Erbsen sollten Sie nicht in Nachbarschaft zu Tomaten, Stangenbohnen, Kartoffeln oder Buschbohnen pflanzen. Petersilie wächst nur ungern neben Kopfsalat, und Radieschen gedeihen schlecht in der Nachbarschaft von Gurken.

Rasen VERWENDEN SIE WINTERHARTE UND WIDERSTANDSFÄHIGE GRASSORTEN. Wenn der Rasen in Ihrem Garten nicht so recht wachsen will, dann kaufen Sie in einer Gärtnerei aufgerollte Grassoden. Bedecken Sie den alten Rasen mit einer frischen Schicht Erde, die Sie wie die Unterseite der Soden gut wässern, bevor Sie den neuen Rasen verlegen.

Bunter Rasen. Wieviel lebendiger wirkt doch ein Rasen mit Gänseblümchen und Krokus. Gänseblümchen siedeln sich von alleine an, den Krokuszwiebeln hilft man mit in der Erde eingegrabenen, unten geöffneten Joghurtbechern (5 cm tief), damit sie nicht von den Rasenwurzeln erstickt werden.

Rasen mähen. Das Gras sollte mindestens einmal wöchentlich und nie kürzer als 2 cm geschnitten werden. Im Sommer empfiehlt es sich, sogar 3 cm stehen zu lassen, da die Erde sonst zu stark austrocknet. Bei trockenem Wetter kann das geschnittene Gras liegen bleiben und so als Rasendünger fungieren. Für die Randbereiche sind im Handel spezielle Rasenmäher und Rasenscheren erhältlich.

Lassen Sie ruhig Ihre Kinder im Garten spielen. Eine mäßige Belastung schadet dem Rasen nicht, sondern fördert im Gegenteil den Wuchs von Seitentrieben, die die Rasendecke dichter machen.

Rasen düngen. Gekörnten Dünger sollte man vor dem Sprengen verstreuen, wenn das Gras noch trocken ist. Flüssigen Dünger sprüht man hingegen auf die bereits feuchte Rasendecke auf.

Herbstdüngung. Mischen Sie 5 Teile Knochenmehl und einen Teil Holzasche. Dieser Dünger hilft auch gegen viele Unkrautarten, wenn er regelmäßig verwendet wird.

Rosen

Rosen sollten prinzipiell einen Spatenstich tief feucht sein. Dies ist um so wichtiger, je mehr Blüten der Stock trägt. Vor dem Nachpflanzen von Rosen an derselben Stelle sollte die Erde ausgewechselt werden.

Wenn die Rosen Ende Mai, Anfang Juni zu blühen beginnen, sollte man ihnen besonders viel Wasser und etwas Dünger verabreichen.

Rosenhecken

Rosenhecken sind eine ideale Sichtblende an Zäunen. Wählen Sie eine Kletterrose, die ihre alten Blätter erst dann abwirft, wenn die neuen bereits nachgewachsen sind (Alimée Vibert oder Dorothy Perkins).

Pfingstrosen (Päonien)

Pfingstrosen erfordern viel Aufmerksamkeit. Die Erde muß feucht und fett sein, ein trockener und magerer Boden ist für Pfingstrosen wenig geeignet. Ihr Standort sollte mehrere Jahre nicht wechseln, dann blühen sie besonders prächtig. Wenn Sie sie dennoch umpflanzen wollen, ist der Herbst dafür die günstigste Jahreszeit.

Strauchrosen stutzen

Im März sollten Sie Ihre Strauchrosen zurückschneiden, denn sobald das Klima etwas wärmer wird, kommen schon die ersten Knospen. Stutzen Sie alle dünnen und toten Zweige möglichst dicht am Boden; und achten Sie besonders auf Zweige, die unterhalb der Pfropfstelle wachsen. Diese müssen so weit wie möglich abgeschnitten werden, da es sich um wilde Triebe handelt. Dicke, über ein Jahr alte Zweige stutzt man bis auf 3 oder 5 Augen (Augen = Knospen) zurück. Schneiden Sie besonders die Knospen an den Außenkanten zurück, damit ein wohlgeformter Strauch entsteht.

Säen

Säen Sie in Ihrem Gemüsegarten nicht zu viel auf einmal. Pflanzen Sie statt dessen das Saatgut lieber über einen bestimmten Zeitraum verteilt, so daß Sie auch über längere Zeit ernten können. Saatgut können Sie problemlos aufbewahren, da die Keimkraft der meisten Samen über ein Jahr erhalten bleibt.

Der Boden muß von allem Unkraut freigeharkt sein. Spannen Sie eine Kordel über das Beet. Entlang dieser Kordel ziehen Sie eine kleine Furche, geben das Saatgut hinein und bedecken es mit Erde. Säen Sie nicht zu viele Saatkörner auf einer Stelle, sondern lieber dünn. Vermischen Sie zu diesem Zweck das Saatgut mit weißem, trockenem Streusand, und verteilen Sie die Mischung gleichmäßig in die Furche. Den richtigen Pflanzenabstand können Sie dem Saat- und Pflanzenkalender entnehmen.

Gründlich angefeuchtetes Saatgut wird im Boden schneller aufkeimen als trockene Samenkörner. Die Erde sollten Sie nach dem Säen immer gut angießen.

Biologische Schädlingsbekämpfung

Ameisen und Blattläuse meiden Blumenbeete, in denen Tagetes und Lavendel blühen. Darüber hinaus sollten Sie sich über Marienkäfer in Ihrem Garten freuen, denn ihre Larven sind die natürlichen Feinde von Blattläusen.

Kohlweißlinge machen einen Bogen um Ihr Gemüsebeet, wenn Sie einige Tomaten zwischen das Gemüse gepflanzt haben. Und Ihr Möhrenbeet schützen Sie vor Schädlingen, indem Sie rundherum Zwiebeln pflanzen.

Staudenpflanzen

Zur Verschönerung Ihres Gartens bieten sich als Hintergrund für Ein- oder Mehrjährige Staudenpflanzen wie Hamamelis (beginnt bereits im Dezember zu blühen) oder Winterjasmin an.

Umgraben

Es empfiehlt sich, den Garten im Spätherbst vor dem ersten Frost für das kommende Frühjahr vorzubereiten, da durch Frost die Erde häufig aufbricht.

Saat- und Pflanzenkalender

	Keimkraft in Jahren	Abstand zwischen den Reihen in cm	Abstand zwischen den Pflanzen in cm	Januar	Februar	März	April	Mai	Juni	Juli	August	September	Oktober
Anis	2–3	25–30	5				—						
Basilikum	2	25	20					—					
Blattmangold	5–6	20	20			—	—	—	—	—	—		
Blumenkohl	3–4	50	50			—							—
Bohnen (Brech-, Speck-, Schnitt-, Feuerbohnen),													
Buschbohnen	3	30	5					—	—				
Chicorée	2	30	15					—	—				
Grüner Chicorée									—				
Chinakohl	3–4	60	30						—	—	—		
Dill	2–3	30	20				—	—					
Endivien	2	30	30						—				
Estragon	2	40	40				—	—	—				
Feldsalat	2–3	12–15								—	—		
Fenchel	2	15	30				—	—					
Gartenkresse	2–3	12				—	—	—	—				
Gewürzgurken	6–8	120–175	30					—	—				
Grünkohl	3–4	50	60				—	—	—				
Hülsenfrüchte		30–40				—							
Kapuzinererbse		30–40				—	—						
Kartoffeln		45	40			—	—						
Kerbel	2	10				—	—	—	—	—	—	—	
Knoblauch			15				—						
Knollensellerie		60	40			—	—						
Kohl, Weißkohl, Wirsing	3–4	50	50			—	—	—					
Kohlrübe	3–4	40	40					—	—				
Kopfsalat	3	25	25				—	—	—	—	—		

	Keimkraft in Jahren	Abstand zwischen den Reihen in cm	Abstand zwischen den Pflanzen in cm	Januar	Februar	März	April	Mai	Juni	Juli	August	September	Oktober
Mais		50	50										
Majoran	2	20	15										
Melone	4–5	80	30										
Mohrrübe	2	25	7										
Möhren	2	17–20											
Paprika													
Petersilie	2	20	10										
Porree	1	30	15										
Radieschen	2–3	8–10											
Rettich	2–3	25	15										
Rosenkohl	3–4	50	50										
Rote Bete	5–6	30	10										
Rotkohl	3–4	50	50										
Rübstiel (Stielmus)		15											
Saubohnen	3–4	60	10										
Sauerampfer		25	20										
Schalotten		30	10										
Schlangengurken	6–8	120	60										
Schnittlauch	1	30	15										
Schnittsellerie		30	10										
Schwarzwurzel	1	25	10										
Spargel		125	40										
Spinat	2–3	15–20	15										
Stangenbohnen	3	80	60										
Staudensellerie	2–3	30	10										
Thymian	2	25	20										
Tomaten	4–5	70	50										
Zuckererbsen	2–3	30–40											
Zwiebeln	1	20	7										

Register

Akne
– Hausmittel gegen 256
Alabaster
– reinigen 48
Aglio-Olio 221
Ameisen
– Hausmittel gegen 104
Anilinfarben
– Flecken entfernen 120
Anis 188, 288
Apfelsinenschalen
– als Zutat zum Backen und Kochen 202
Asbestuntersetzer 48
Asseln
– Hausmittel gegen 104
Asternwelke 279
Aufguß 188
Auge
– Staubpartikel im 163
Autolackschäden 18

Bäder 263
Badewanne
– gelbe Flecken 49
Bananendessert 233
Basilikum 188, 288
Batist
– waschen 86
Bäume
– düngen 281
– gießen 281
Baumwolle
– verblaßte Farben auffrischen 87
– Häkelarbeiten waschen 87
– Jacken und Mäntel imprägnieren 87,183
Beerenflecken
– entfernen 120
Beinhaare
– starker Haarwuchs 255
Beizeflecken
– entfernen 120
Beizen 202
Benzinränder
– entfernen 120
Bernstein
– reinigen 49
Besteck
– im Griff befestigen 19
– pflegen 19
Bettnässen 173
Bierfalle 107, 111
Bierflecken
– entfernen 121
Bilderleisten
– im Kinderzimmer 180
Bilderrahmen
– vergolden 42
– vergoldete reinigen 58
Bindfaden
– unzerreißbarer 19
Binsengeflecht
– Matten und Sitzflächen reinigen 49
Birkensaft 189
Blätter
– verstaubte 272
Blattläuse
– Hausmittel gegen 272
Blattmangold 288
Bleistiftflecken
– entfernen 121
Blumen
– im Knopfloch 271

– schneiden 270
Blumenarrangement 270
Blumenkästen 272
Blumenkohl 288
– kochen 204
Blumenstiel
– geknickter 271
Blumentöpfe 273
Blumentopfuntersetzer 273
Blumenwasser 271
Blumenzwiebeln
– setzen 273 f, 279
Blüten
– verwelkte 275
Blutflecken
– entfernen 121
Bohnen 288, 289
Bohnenkraut 189
Borschtsch 227
Brandflecken
– entfernen 122
Bratenfleisch
– saftiges 203
Brennessel 190
Brennesselsuppe 216
Brief
– verschließen 19
Bronze
– polieren 49f
– reinigen 49
Bügeleisen
– klebende Laufflächen 20
– stumpfe Laufflächen 20
Bürsten
– für Haarpflege 248
Butterflecken
– entfernen 122

Chemikalien 47 f
Chicorré 288
Chinakohl 288
Chrom
– reinigen 50
Coca-Cola-Flecken
– entfernen 122
Cremeflecken
– entfernen 123

Dampfbügeleisen
– Kalkablagerungen vermeiden 19
Daumenlutschen 175
Dickmilch
– selbst herstellen 208
Dill 190, 288
Dillgurke mit Hackfleisch 228
Düngen
– mit Kompost 280
– mit Thomasmehl 280
Durchfall
– Hausmittel gegen 150
Duschkopf
– Kalkablagerungen im 20

Eier
– in Saucen und Suppen 203
– im Tomatenrock 213
Eierpiker 20
Eigelbflecken
– entfernen 123
Einlegeboden
– verzogener 60
Eiscremeflecken
– entfernen 123
Eisen
– entrosten 51
– lackiertes reinigen 52
– Rostschutz 51
Eisenfeile
– pflegen 53
Eisenherde (-öfen)
– pflegen 53
– reinigen 53
Eisenpfahl
– einsetzen 52
Eisentöpfe (-kessel, -pfannen)
– reinigen 50f

Eisenzangen (-bleche, -schürhaken)
– reinigen 52
Eiterflecken
– entfernen 123
Elektrizität
– Kindersicherungen 175
Elfenbein
– reinigen 54
Ellenbogen
– rauhe 262
Emailsplitter 55
Emailtöpfe
– hartnäckiger Ansatz 55
– Kesselstein entfernen 55
– pflegen 55
– polieren 55
– reinigen 54
Endivien 288
Engerlinge
– düngen gegen 281
Erbrochenes
– Flecken entfernen 123
Erbsen
– kochen 204
Erdbeerflecken
– entfernen 123
Erdflöhe
– Hausmittel gegen 275
Erdnußbutterflecken
– entfernen 124
Erkältung
– Hausmittel gegen 151
Estragon 191

Fahrrad
– Rostschutz 78
Fahrradketten
– schmieren 79
Farbige Wäsche
– Farbechtheit prüfen 88
Federlinge
– Hausmittel gegen 105
Feldsalat 288
Fenchel 191, 288
Fensterglas
– siehe »Glas«
Fensterkittflecken
– entfernen 124
Fensterrahmen
– klemmender 20
Fett
– Temperatur testen 205
Fettflecken
– auf Baumwollstoffen 124
– auf Leinengewebe 124
– auf Papier 125
– auf Samt 125
– auf Wildleder 125
– auf Wolle 125
Fieber
– Hausmittel gegen 150
Filz
– auffrischen 89
Filzhüte
– wieder in Form bringen 89
Filzstiftflecken
– entfernen 126
Fingernägel
– bei Säuglingen schneiden 175
– brüchige 261
Firnislack
– dunkler 21
– heller 21
Fisch
– frischer 205
– Rezepte 227
– zubereiten 205
Fischgräte
– verschluckte 150
Flanell
– waschen 90
Flaschen
– reinigen 27
Flaschennahrung 170
– Saugloch im Sauger vergrößern 170
Fleckenmittel 118 f

Fleisch
- aufbewahren 206
- Rezepte 227ff
- zähes 206
Fleischbrühe
- dunkle Färbung 206
- klären 206
Flieder
- schneiden 270
Fliegen
- Hausmittel gegen 105
Fliegendreck
- Flecken entfernen 126
Flöhe
- Hausmittel gegen 105f
Freistrampeln 176
Frikadellen 207
Fußboden
- desinfizieren 21
- wischen 22

Gallseife
- selbst herstellen 96
Garten
- umgraben 286
Gartenerde 280, 282
Gartenkresse 288
Gartenpflanzen 279 ff
Gartenschlauch
- Halterung für 59
Gasgeruch
- Maßnahmen bei 22
Geflügel
- braten 207
- kochen 207
Geheimtinte 22
Gemüse
- kochen 207
- Rezepte 224f
- waschen 207
Gemüseflecken
- entfernen 126
Geruch
- in Flaschen und Karaffen 23
- in Küchenschränken 23
- in Vorratsgefäßen 23
Geschenkpapier
- gebrauchtes 23
Gesichtshaut
- Pflege der 240
Gesichtsmasken 244ff
Gewürzgurke 288
Gips
- anrühren 24
Gitter
- Sicherheit für Kinder 176f
Glacé-Handschuhe
- beigefarbene reinigen 66
- farbige reinigen 66
- verzogene 66
- widerspenstige 66
Glas
- bohren 25
- Einschenken von heißer Flüßigkeit in 25
- Farbflecken entfernen 56
- Fettflecken entfernen 56
- härten 25
- kleben 25
- reinigen 56f
- schneiden 24
- schreiben auf 26
- undurchsichtiges 24
- Zufrieren verhindern 24
Glasdeckel
- festsitzender 26
Glasvasen
- gesprungene 26
Glyzerinflecken
- entfernen 126
Gold
- Goldprobe 57
- reinigen 57f
- schwarz verfärbtes 58
Goldketten
- reinigen 58

Grasflecken
– entfernen 126
Grippe
– Hausmittel gegen 151
Großmutters Allerlei
– Rezepte 231
Grünkohl 288
Gummi
– hartes 59
Gummiarabikum
– Flecken entfernen 127
Gummiflecken
– entfernen 127

Haar
– brüchiges (Spliß) 251
– färben 251
– fettiges 250
– graues 253
– trockenes 250
Haarausfall
– Hausmittel gegen 253
Haarglanz 251
Haarpflege 248 ff
Haarwaschmittel
– Rezepte für 248
Halsschmerzen
– Hausmittel gegen 152
Haltegurt
– für Kinder 177
Hammerkopf
– befestigen 27
Hände
– kalte 261
– rauhe 259f
– reinigen 27
Handtuchaufhänger 180
Hängepflanzen 275
Harzflecken
– entfernen 127
Hausapotheke 153
Haushaltsgeräte
– entkalken 27
Haut
– fettige 241
– trockene 241
Hautkontakt
– Flecken entfernen 120
Hautprobleme 256 ff
Hautreinigungsmittel 242
Hauttest 240
Heringe
– Grüne 228
– in Sahnesauce 229
Himmel und Erde 229
Hirsesalat 214
Holunderküchlein 233
Holz
– aufhellen 60
Holzfußboden
– lackierten härten 59
– reinigen 59
Holzschubladen
– schwergängige 60
Holzwürmer
– Hausmittel gegen 107
Honig 191 f
Hülsenfrüchte 288
Hundedreck
– Flecken entfernen 127
Hundetoilette 107
Husten
– Hausmittel gegen 153

Indisches Curry 224
Insektenstiche
– Hausmittel gegen 154

Jodflecken
– entfernen 127
Joghurtflecken
– entfernen 128
Juckreiz
– Hausmittel gegen 258

Käfer
- Hausmittel gegen 107
Kaffeeflecken
- entfernen 128
Kalkansatz
- beim Abwasch verhindern 18
Kalkflecken
- entfernen 128
Kamille 192
Kamillendampfbad 244
Kamin
- Rußablagerung vermeiden 28
- vorwärmen 28
Kämme
- für Haarpflege 248
Kapok
- pflegen 90
Kapuzinererbse 288
Kartoffeln 288
- Salz binden mit 210
Kartoffelsalat 215
Käse
- reiben 208
Kaugummiflecken
- entfernen 128
Kerbel 193, 288
Kernobst
- künstlich nachreifen 203
Kerzen
- brennen länger 28
- im Kerzenhalter befestigen 28
- löschen 28
Kerzenwachsflecken
- entfernen 129
Kesselstein
- entfernen 29
Kinderarzt 178
Kinderausweis 178
Kinderhosen 181
Kinderschuhe
- pflegen 181
Kindersicherungen
- für Schubladen etc. 181
Kirschflecken
- entfernen 129
Kissen
- in der Kinderwiege 178
Klaviertasten
- reinigen 54
Klebstoffe
- Rezepte für 29f
Knoblauch 193, 288
- pflanzen 281
Knoblauchsuppe 217
Knollensellerie 288
Kochen
- energiesparend 30
Kochrezepte 213 ff
Kohl 288
Kohlrübe 288
Kohleflecken
- entfernen 130
Kondensmilch
- aufbewahren 208
Kopfläuse
- Hausmittel gegen 154
Kopfsalat 288
Kopfschmerzen
- Hausmittel gegen 151,155
Korbmöbel
- reinigen 60
- spannen 61
Koriander 193
Kork
- festsitzender 31
- harter 31
Kräuteressig
- selbst herstellen 208
Kräuterkissen 264
Kräuterquark 221
Küchenschaben
- Hausmittel gegen 108
Kugelschreiberflecken
- entfernen 130
Kümmel 194
Kupfer

– polieren 62
– reinigen 61
Kürbissuppe 218

Lackflecken
– entfernen 130
Lakritzflecken
– entfernen 130
Lamé
– aufbewahren 90
– waschen 90f
Laufstall
– Gefahren im 177
Lavendel 194
Leder
– Echtheitsprobe 63
– helles dunkel färben 64
Lederfett
– Rezept für 63
Ledergürtel
– reinigen 67
Lederhandschuhe
– Durchschwitzen verhindern 67
– Fettflecken entfernen 67
– trocknen 66
Ledermöbel
– antike reinigen und pflegen 67
Lederschuhe
– feuchte putzen 64
– harte wieder weich machen 64
Lederstiefel
– braune schwarz färben 64
– wasserdicht machen 64
Lederstühle
– reinigen 68
Leimflecken
– entfernen 130
Leinen
– bleichen 91
– imprägnieren 91
– Leinentest 91
Leiter
– rutschfeste 31
Licht
– angenehmes im
Kinderzimmer 183
– für Gartenpflanzen 281
Likörflecken
– entfernen 130
Linoleum
– pflegen 68
Linsensalat 215
Linsensuppe 219
Lippenstiftflecken
– entfernen 131

Magenschmerzen
– Hausmittel gegen 156
Mais 289
Majoran 194, 289
Manschettenknöpfe 92
Marmeladeflecken
– entfernen 131
Marmor
– Blutflecken entfernen 69
– Fettflecken entfernen 68
– kleben 69
– polieren 69
– reinigen 68
– Rostflecken entfernen 69
– Wein- und Tintenflecken
entfernen 69
Mascaraflecken
– entfernen 132
Maschinenölflecken
– entfernen 131
Massage
– der Kopfhaut 249
Maulwürfe
– vertreiben 108
Mäuse
– vertreiben 109
Meerrettich 195
Mehltau
– Hausmittel gegen 282
Melone 289

Messing
– reinigen 70
Metall
– lackieren 70
– reinigen 70
– Rostschutz 70
Milch
– kochen 208
– warme für Kinder 182
Milchflecken
– entfernen 132
Milchschorf
– Hausmittel gegen 174
Mitesser
– Hausmittel gegen 257
Möbelholz
– Schimmelflecken entfernen 71
– schwarze Streifen entfernen 71
– weiße Flecken entfernen 70
Möbelpolitur 71
Möhren 289
– schälen 204
Mohrrübe 289
Moiré
– waschen 92
Motten
– Hausmittel gegen 109
Mücken
– Hausmittel gegen 109f
– im Kinderzimmer 182
Muscheln
– frische 206

Nagel
– in die Wand schlagen 31
– in dünnes Holz schlagen 32
– lockerer 32
Nagellackflecken
– entfernen 132
Nasenbluten
– Hausmittel gegen 157
Nickel
– entrosten 72
– reinigen 71
– Rostschutz 72
Nikotinflecken
– entfernen 132
Nirostaspülen
– pflegen 77
Nußschalen
– Flecken entfernen 132

Obst
– geschnittenes 203
– schälen 209
Obstflecken
– entfernen 132
Oeufs à la Moutarde du Lion 221
Ohrwürmer
– Hausmittel gegen 110
Ölflecken
– entfernen 132
Ölpapier
– selbst herstellen 34
Organdy
– waschen 92

Paesano 221
Paprika 289
Parfumflecken
– entfernen 133
Pasta Pronto
– Rezepte 220ff
Pauspapier
– selbst herstellen 32
Peddigrohr
– reinigen 73
Pelz
– reinigen 93
– trocknen 92
Pesto 222
Petersilie 195, 209, 289
Petroleumflecken
– entfernen 133
Petroleumlampe
– abgebrannter Docht 33

– Glaskolben 33
– helles Licht 32
– Rauchbildung 33
– reinigen 33
Pfannkuchen 234
Pfefferminze 195
Pfingstrosen 284
Pfirsichflecken
– entfernen 133
Pflanzen
– gefrorene 275
– gießen 276ff
– während des Urlaubs wässern 278
Pflanzendusche 276
Pflanzeninsel 278
Pflanzenknospen 276
Pflanzennachbarn 282
Pflaster
– von Haut entfernen 158
Pflasterflecken
– entfernen 134
Pikeestoff
– bügeln 93
Pinsel
– einweichen 33
Plastik
– im Kinderzimmer 179
Plüschstoff
– flachgedrückte Stellen 94
– reinigen 93
– weißen Plüsch reinigen 94
Polierrot
– Rezept für 57
Polsterbezüge
– Farbe auffrischen 73
Porree 289
Porzellan
– Brandflecken 73
– braun verfärbtes 73
– verschmutzte Kaffeekannen 73
Puderflecken
– entfernen 134
Putzutensilien
– Besen 34
– neue Bürsten 34
– Fensterleder 34
– Haushaltsschwämme 34

Radierschwamm 34
Radieschen 289
Rasen
– anlegen 282
– bunter 283
– düngen 283
– mähen 283
Rasierschaumflecken
– entfernen 134
Ratten
– Hausmittel gegen 111
Regenschirm
– wasserdicht machen 35
Regentonne
– abdichten 35
Regenwürmer
– Hausmittel gegen 111
Reibekuchen 232
Reinigung
– chemische 86
Reis
– kochen 209
Rettich 289
Rhabarbergrütze 235
Rheuma
– Hausmittel gegen 158
Riechsalz
– indonesisches 265
– Veilchen- 265
Ring
– festsitzenden lösen 159
Rosen
– wässern 284
Rosenhecken 284
Rosenkohl 289
Rosmarin 195
Rostflecken
– entfernen 134

Rote Bete 189, 289
– Flecken entfernen 135
Rotkohl 289
– kochen 204
Rotkohlflecken
– entfernen 135
Rotkohlsalat 216
Rotweinflecken
– entfernen 142f
Rougeflecken
– entfernen 135
Rübstiel 289
Rußflecken
– entfernen 135

Saat- und Pflanzenkalender 288 f
Säen 285
Sahne
– schlagen 209
Sahneflecken
– entfernen 135
Salat 209 f
– Rezepte 214ff
Salbei 196
Salz
– süßen mit 210
Salzen
– ohne Salz 210
Satin
– bügeln 95
– reinigen 95
Satinschuhe
– reinigen 95
Saubohnen 289
Sauerampfer 289
Schädlingsbekämpfung 101 ff
– biologische 286
Schlaflosigkeit
– Hausmittel gegen 159 f
Schlafwandeln
– Hausmittel gegen 160
Schlammflecken
– entfernen 135
Schlangengurke 289
Schleifen
– Messer, Scheren 35
– fettiger Schleifstein 35
Schlittschuhe
– entrosten 78
Schlösser
– schwergängige 35
Schluckauf
– Hausmittel gegen 161
Schmiedeeisen
– Rostschutz 52
Schmierseife
– selbst herstellen 96
Schmuckfedern
– geknickte 89
– reinigen 89
Schnarchen
– Hausmittel gegen 161
Schnecken
– Hausmittel gegen 111f
Schnittblumen 270ff
Schnittlauch 289
Schnittsellerie 289
Schnupfen
– Hausmittel gegen 162
Schnürsenkel
– zerfranste 36
Schokoladenflecken
– entfernen 136
Schrauben
– herausdrehen 36
– in Holz schrauben 36
– in Mauerwerk schrauben 36
Schraubengewinde
– festgebackene 37
Schuhcreme (schwarz)
– Rezept für 65
Schuhcremeflecken
– entfernen 136
Schuhe
– durchnäßte 37
– einlaufen 38

– glatte Ledersohlen 38
– putzen 37
– weiße Ränder 37
Schuppen
– Hausmittel gegen 250
Schwarzwurzel 289
Schweißflecken
– entfernen 136
Schweißfüße
– Hausmittel gegen 259
Schwindelanfall
– Maßnahmen bei 162
Schwitzhände
– Hausmittel gegen 261
Schwitzkur
– bei Grippe und Erkältung 151
Seekrankheit
– Hausmittel gegen 162
Seide
– bügeln 95
Seifenblasen 182
Sekt
– schalen auffrischen 210
Sellerie 196
– kochen 211
Senfflecken
– entfernen 136
Silber
– polieren 75
– reinigen 74f
– Silberprobe 74
Silberbesteck
– pflegen 75
Silbermünzen
– reinigen 76
Silberne Kerzenleuchter
– Kerzenwachs entfernen 76
Silberne Uhren
– reinigen 77
Silberputzmittel 74
Soda
– als Waschmittel 96
Sojasprossengemüse 225
Sommersprossen
– aufhellen 259
Sonnenölflecken
– entfernen 137
Spargel 289
– schälen 211
Spatzen
– vertreiben 112
Spinat 289
– aufwärmen 179
Spinat-Sahnesauce 222
Spinatflecken
– entfernen 137
Stahl
– entrosten 77
– polieren 77
– Rostschutz 78
Stahlsägen
– pflegen 79
Stahlwerkzeug
– härten 79
Stangenbohnen 289
Staubflecken
– entfernen 137
Staudenpflanzen 286
Staudensellerie 289
Steinboden
– reinigen 79
Stempelfarbe
– Flecken entfernen 141
Stiefelfett (braun)
– Rezept für 65
Stillen 170f
– Abpumpen 172
– Abstillen 172
– BH 171
– Körperhaltung beim 171
– Stimulierung der Milchproduktion 172
Stockflecken
– entfernen 137
Stoffe
– färben 88

Strauchrosen 285
Strickpullover
– für Kinder 183
Strohmatten
– reinigen 79
Südfrüchte
– aufbewahren 211
Sukkulenten 278
Suppen
– Rezepte 216ff
Suppenflecken
– entfernen 138
Süßspeisen
– Rezepte 233ff
Szegedinger Gulasch 230

Tabakflecken
– entfernen 138
Tapete
– abwaschbar machen 38
– angeschimmelte reinigen 39
– reinigen 40
Tapezieren 38
– feuchte Wände 39
Teebrett
– polieren 40
Teeflecken
– entfernen 138
Teerflecken
– entfernen 138
Teppich
– Falten und Knicke 80
– Farbglanz auffrischen 80
Teppichboden
– reinigen 40
– Brandloch flicken 41
Textilien
– bügelfreie waschen 88
Thymian 196, 289
Tiefkühltruhe
– abtauen 41
Tinte
– von Papier entfernen 41
Tintenflecken
– entfernen 140
Toast
– italienischer 213
Tomaten 289
– schälen 211
Tomatenflecken
– entfernen 141
Tomatenrisotto 226
Tomatensauce 213, 223
Trinkgläser
– ineinandergestellte 42
Tubenverschlüsse
– verklebte 42

Überkochen 211
Umtopfen 278
Urinflecken
– entfernen 141

Vase
– standhafte 272
Vaselineflecken
– entfernen 141
Velours
– reinigen 96
Verbrennungen
– Hausmittel gegen 163
Vergilbte Wäsche
– bleichen 96
Verschlucken
– bei Kleinkindern 179
Verstopfung
– Hausmittel gegen 164
Vogeldreck
– Flecken entfernen 141

Wacholderbeeren 197
Wagenschmiere
– Flecken entfernen 142
Wand
– feuchte isolieren 42
Wanzen

– Hausmittel gegen 112
Waschmittel 96
Wasserhahn
– tropfender 43
Weinflecken
– entfernen 142f
Wespen
– Hausmittel gegen 113
Wildlederhandschuhe
– reinigen 67
Wildlederschuhe
– pflegen 65
Wimpern
– Pflege der 256
Windelausschlag
– Hausmittel gegen 174
Wolle
– Einlaufen verhindern 98
– flachgedrückte 97
– waschen 98
Wollkleidung
– aufgeribbelte 98
– Geruch entfernen 97
– Glanz entfernen 97
– Glanz herstellen 97
Wundliegen
– Hausmittel gegen 165
Zahnpastaflecken
– entfernen 143
Zeckenbiß
– Maßnahmen bei einem 165
Zellulitis
– Hausmittel gegen 258
Zementflecken
– entfernen 143
Zimmerpflanzen 272 ff
Zink
– reinigen 80
Zinn
– reinigen 80f
Zinnsoldaten
– reinigen 81
Zitrone 197
Zitronenmelisse 197
Zitronensaft 212
Zuckererbsen 289
Zuckerflecken
– entfernen 143
Zwiebeln 289
– schneiden 212
Zwiebelsauce 232
Zwiebelsuppe 220